# WINTER SUPPEN

Wohlfühlgerichte für kalte Tage

**essen & trinken**

# WINTER SUPPEN

Wohlfühlgerichte für kalte Tage

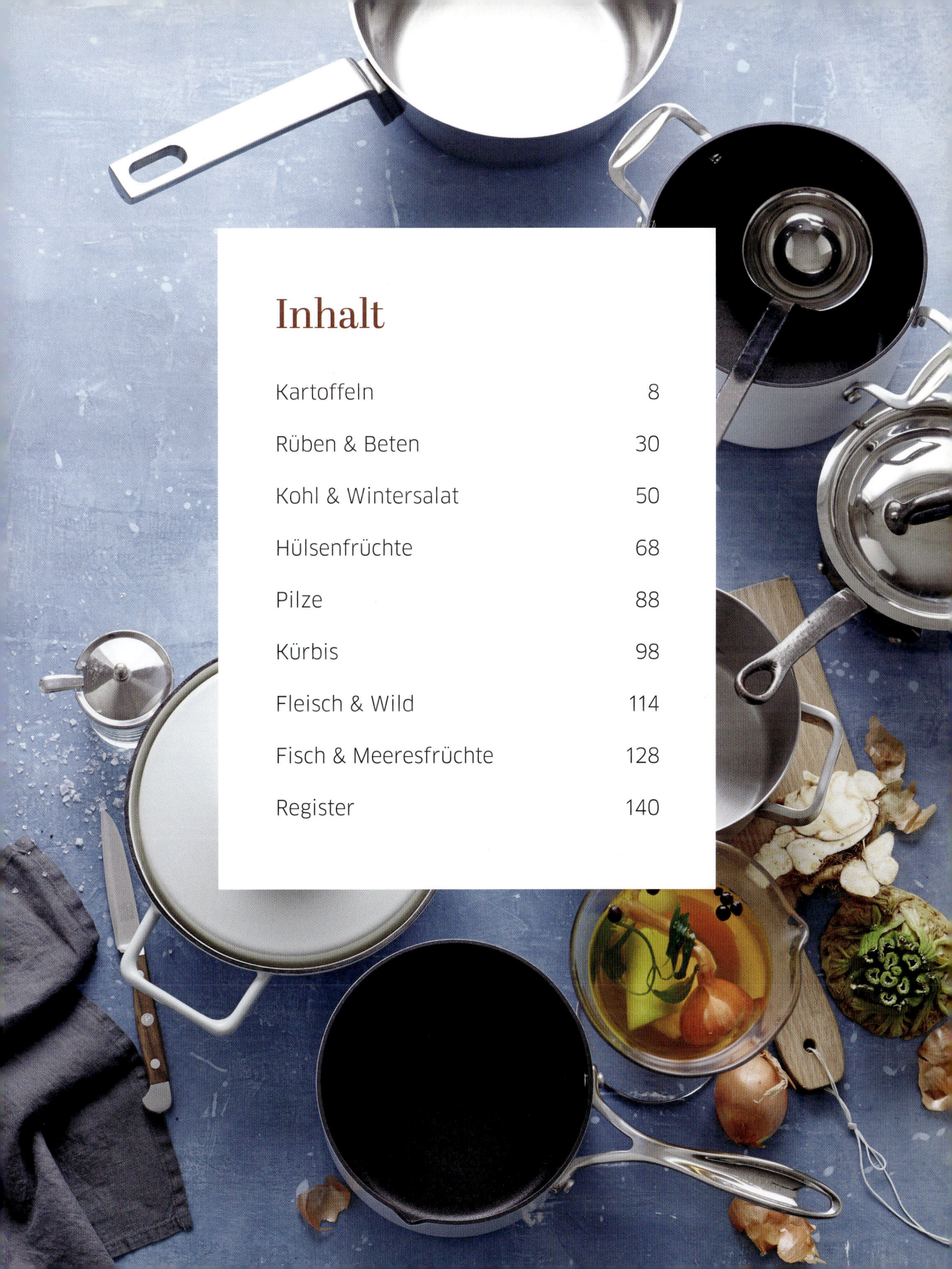

# Inhalt

| | |
|---|---|
| Kartoffeln | 8 |
| Rüben & Beten | 30 |
| Kohl & Wintersalat | 50 |
| Hülsenfrüchte | 68 |
| Pilze | 88 |
| Kürbis | 98 |
| Fleisch & Wild | 114 |
| Fisch & Meeresfrüchte | 128 |
| Register | 140 |

# Die besten Suppen und Eintöpfe für kalte Tage

Wenn die Tage kürzer werden und die Temperaturen fallen, sind sie unsere Seelenwärmer: Suppen und Eintöpfe machen satt und glücklich, vermitteln Geborgenheit und kommen dabei oft unverhofft raffiniert daher. Wenn man sie lässt und die Auswahl an frischen Zutaten und saisonalen Spezialitäten nutzt, die auch in Herbst und Winter riesengroß ist.

Für unsere überwiegend vegetarischen Rezepte finden Sie bei einem Besuch auf dem Wochenmarkt alles, was Sie brauchen. Sie haben Lust auf Kartoffelsuppe? Mit Petersilienwurzel-Chips oder eingelegten grünen Walnüssen wird so ein Klassiker zum Ereignis. Apropos: Eine Topinambursuppe mit Trüffeln und Wan-Tan haben wir auch im Angebot. Und einen ziemlich feinen Grünkohleintopf mit Kokosmilch. Der Auswahl an Wurzelgemüse und Kohl sind hierzulande ja kaum Grenzen gesetzt. Außerdem warten Pilze und Kürbis auf ihren Einsatz: Im Cremesüppchen mit Ingwer-Croûtons oder asiatisch gewürzten Eintopf entfalten sie überraschend sinnliche Geschmacksnuancen.

Wenn Fleisch für Sie zum Glück gehört, packen Sie schnell noch etwas Lamm oder Wild in den Korb. Lachs, Dorsch und Kabeljau brauchen Sie für unseren Fisch-Pot-au-feu. Und wer sich mal an einem karibischen Cajun-Eintopf versuchen möchte: Nur zu, es ist alles da.

Dieses Buch ist perfekt für Suppenliebhaber, für Freunde und Familie, für lange gemütliche Abende – und fürs Gemüt. Denn mehr Suppenglück passt nun wirklich nicht in einen Topf. Am besten kochen Sie gleich einen großen, denn aufgewärmt schmecken unsere Wintersuppen und Eintöpfe gleich noch mal so gut!

Guten Appetit!

Ihre »essen & trinken«-Redaktion

# Kartoffeln

# Limetten-Süßkartoffel-Suppe

Für 4 Portionen
Zubereitungszeit: 40 Minuten

350 g Schweinenackensteak
1 El Sojasauce
Zucker
1 Tl Speisestärke
700 g Süßkartoffeln
1 Zwiebel
1 rote Chilischote
2 Bio-Limetten
2 El Butter
250 ml Kokosmilch
750 ml Geflügelfond
Salz
2 El Öl
8 Stiele Koriandergrün
Pfeffer

**1.** Fleisch quer in sehr dünne Scheiben schneiden. Sojasauce, ½ Tl Zucker und die Speisestärke verrühren. Das Fleisch untermischen und 15 Minuten marinieren.

**2.** Inzwischen die Süßkartoffeln schälen, längs vierteln und in ca. 1 cm große Würfel schneiden. Zwiebel fein würfeln. Chili grob hacken. Schale von 1 Limette fein abreiben. Beide Limetten so schälen, dass die weiße Haut vollständig entfernt wird. Die Filets zwischen den Trennhäuten herausschneiden.

**3.** Butter in einem Topf erhitzen. Süßkartoffeln, Limettenfilets und Zwiebel darin 4–5 Minuten anbraten. Chili zugeben und mit Kokosmilch und Fond auffüllen. Mit Salz würzen und zugedeckt 20 Minuten garen.

**4.** Öl in einer Pfanne erhitzen. Das Fleisch darin portionsweise ca. 10 Minuten von allen Seiten knusprig braten.

**5.** Koriander mit den zarten Stielen grob hacken. Die Suppe mit einem Schneidstab fein pürieren und, wenn nötig, noch etwas Wasser dazugeben. Mit 1 Prise Zucker, Salz und Pfeffer würzen. Limettenschale zum Fleisch geben und mit Pfeffer nachwürzen.

**6.** Die Suppe auf Schalen verteilen, mit dem Fleisch anrichten und mit Koriander bestreut servieren.

Pro Portion: 22 g E, 29 g F, 46 g KH = 535 kcal (2247 kJ)

# Kartoffelsuppe mit Petersilienwurzel-Chips

Für 4 Portionen
Zubereitungszeit: 45 Minuten
Garzeit: 1 Stunde

250 g mitteldicke Petersilienwurzeln
3 El Öl
200 g durchwachsener Speck (in ½ cm dicken Scheiben)
180 g Möhren
250 g Knollensellerie
250 g Lauch
500 g mehligkochende Kartoffeln
500 ml Rinderfond
½ Tl Kümmelsaat
6–8 Stiele Majoran
2 frische Lorbeerblätter
Salz
Pfeffer

Außerdem: Backpapier, Küchengarn

**1.** Petersilienwurzeln putzen und schälen. Mit einem Sparschäler rundherum etwa 120 g Streifen abschälen, Wurzelreste beiseitelegen. Streifen mit 1 El Öl mischen und auf einem mit Backpapier ausgelegten Blech verteilen. Im vorgeheizten Backofen bei 160 Grad (Gas 1–2, Umluft 140 Grad) auf der mittleren Schiene 25–35 Minuten goldgelb backen.

**2.** Speck in kleine Würfel schneiden. Möhren und Sellerie schälen. Möhren, Sellerie und Petersilienwurzelreste 1 cm groß würfeln. Lauch putzen, waschen, die weißen und hellgrünen Teile in 1 cm große Stücke schneiden. Kartoffeln schälen und in 1 cm große Würfel schneiden. Fond mit 800 ml Wasser aufkochen.

**3.** Das restliche Öl in einem Topf erhitzen, Speckwürfel darin knusprig braten. Etwa die Hälfte der Würfel herausheben und auf Küchenpapier beiseitelegen. Kümmel und Gemüse hinzufügen und bei mittlerer Hitze 5 Minuten anbraten. Inzwischen die Majoranblättchen abzupfen und in kaltes Wasser legen. Majoranstiele und Lorbeerblätter mit Küchengarn zusammenbinden. Das Gemüse salzen und pfeffern. Kräuterbündel und das kochend heiße Fond-Wasser dazugeben. Zugedeckt aufkochen und bei milder Hitze 30 Minuten kochen lassen.

**4.** Majoranblätter trocken tupfen, Majoran und Speck mischen. Kräuterbündel aus der Suppe nehmen und etwa die Hälfte der Suppe in einem separaten Topf mit einem Schneidstab fein pürieren. Wieder zur Suppe geben, abschmecken. Mit Majoran-Speck-Mischung und Petersilienwurzelstreifen anrichten.

Pro Portion: 15 g E, 22 g F, 22 g KH = 355 kcal (1488 kJ)

# Mais-Kartoffel-Eintopf mit Salbei-Pilzen

Für 4 Portionen
Zubereitungszeit: 40 Minuten
Garzeit: 45 Minuten

4 Maiskolben (à 200 g; ohne Blätter)
1 Stange Lauch (200 g)
150 g Staudensellerie (mit etwas Grün)
200 g Kartoffeln
10 Pimentkörner
20 g Butter
2 gestrichene El Mehl
1 Lorbeerblatt
200 ml Weißwein
250 ml Schlagsahne
500 ml Vollmilch
Salz
Pfeffer
250 g Shiitake-Pilze
20 Salbeiblätter
2 El Öl

**1.** Maiskörner mit einem Sägemesser von den Kolben schneiden. Den Lauch putzen, der Länge nach halbieren und gründlich waschen. Nur die weißen und hellgrünen Teile in 1 cm große Würfel schneiden. Staudensellerie putzen, die Blätter in kaltes Wasser legen. Stangen entfädeln und in 1 cm breite Scheiben schneiden. Kartoffeln schälen und in 1 cm große Würfel schneiden. Piment in einem Mörser sehr fein zerstoßen.

**2.** Butter in einem großen Topf erhitzen. Den Lauch darin bei mittlerer Hitze glasig dünsten. Sellerie und Kartoffeln kurz mitdünsten. Mais unterrühren. Mehl und Piment darüberstreuen. Lorbeer, Wein, Sahne und Milch nacheinander unterrühren, mit Salz und Pfeffer würzen. Zugedeckt bei mittlerer Hitze aufkochen und bei milder Hitze 35–40 Minuten kochen lassen.

**3.** Pilzstiele entfernen und die Kappen vierteln. Salbeiblätter quer in 1 cm breite Streifen schneiden. Öl in einer großen Pfanne erhitzen und die Pilze darin 3 Minuten unter Rühren braten, Salbei untermischen und weitere 2 Minuten braten. Pilze mit Salz und Pfeffer würzen.

**4.** Sellerieblätter trocken schütteln und hacken. Unter den Eintopf mischen, evtl. nachwürzen und mit den Shiitake-Pilzen anrichten.

Pro Portion: 11 g E, 29 g F, 40 g KH = 476 kcal (1995 kJ)

# Beef Stew mit Klößen

Für 4–6 Portionen
Zubereitungszeit: 50 Minuten
Garzeit: 1:45 Stunden

**Beef Stew**
400 g mitteldicke Möhren
350 g Zwiebeln
1 kg Rindfleisch (z. B. Hohe Rippe oder Nacken)
2 El Mehl
1 Tl gemahlener Piment
schwarzer Pfeffer
Salz
80 g Graupen
3 Lorbeerblätter
500 g mittelgroße vorwiegend festkochende Kartoffeln
5 Stiele Petersilie
6 Stiele Minze

**Klöße**
10 Stiele Petersilie
180 g Mehl
1 gestrichener Tl Weinsteinbackpulver
Salz
Pfeffer
75 g Rindertalg (ausgelassen und gekühlt; beim Metzger vorbestellen)

Außerdem: Mehl zum Bearbeiten

**1.** Für das Beef Stew die Möhren putzen und schälen. Möhren längs halbieren und in 3 cm lange Stücke schneiden. Zwiebeln in 5 mm dicke Ringe hobeln oder schneiden. Fleisch in 4 cm große Würfel schneiden.

**2.** Mehl, Piment und je 1 Tl frisch gemahlenen Pfeffer und Salz mischen. Fleisch in der Mehlmischung wenden, überschüssiges Mehl abschütteln. Die Hälfte der Fleischwürfel in einen Schmortopf (4 l Inhalt) geben. Möhren, Graupen und Lorbeer darauf verteilen. Erst die restlichen Fleischwürfel, dann die Zwiebeln in den Bräter geben und mit Salz würzen.

**3.** Kartoffeln schälen und längs halbieren. Kartoffeln mit der Schnittfläche nach oben auf die Zwiebeln legen. 1,2 l kochend heißes Wasser gleichmäßig über die Kartoffeln gießen und bei starker Hitze zugedeckt aufkochen. Kartoffeln mit Salz würzen und das Stew 5 Minuten zugedeckt kochen lassen.

**4.** Stew im vorgeheizten Backofen bei 180 Grad (Gas 2–3, Umluft nicht empfehlenswert) auf der 2. Schiene von unten 1 Stunde schmoren.

**5.** Für die Klöße Petersilienblättchen abzupfen und fein schneiden. Mit Mehl, Backpulver, Salz und Pfeffer mischen. Rindertalg fein hacken und zur Mehlmischung geben. 120 ml sehr kaltes Wasser zugeben und mit den Händen zu einem glatten Teig verkneten. Mit bemehlten Händen 12 Klöße formen.

**6.** Stew aus dem Backofen nehmen. Hitze auf 200 Grad (Gas 3, Umluft nicht empfehlenswert) erhöhen. Stew vorsichtig mischen. Klöße auf das Stew setzen und offen weitere 45 Minuten garen (dabei werden die Klöße an der Oberseite knusprig).

**7.** Petersilien- und Minzblättchen abzupfen und fein schneiden. Beef Stew damit bestreuen.

Pro Portion (bei 6 Portionen): 39 g E, 28 g F, 54 g KH = 636 kcal (2661 kJ)

# Kartoffeleintopf mit Mett und Walnüssen

Für 6 Portionen
Zubereitungszeit: 1 Stunde
Garzeit: 35 Minuten
Kühlzeit: 10 Minuten

**Eintopf**

250 g Möhren
500 g Knollensellerie
200 g Staudensellerie
200 g Zwiebeln
400 g vorwiegend festkochende Kartoffeln
3 El Olivenöl
30 g Butter
1 Lorbeerblatt
500 ml Geflügelfond
250 ml Schlagsahne
Salz
Muskat
3 Stiele glatte Petersilie
2–3 eingelegte grüne Walnüsse
 (z. B. über www.bosfood.de; ersatzweise vakuumierte Maronen)

**Mett-Nocken**

2 Stiele glatte Petersilie
1 Bio-Eiweiß (Kl. M)
150 g Mett
150 g Kalbshack
Salz
Pfeffer

Außerdem: Backpapier

**1.** Möhren und Knollensellerie putzen, schälen und in 1 cm große Würfel schneiden. Staudensellerie putzen, entfädeln und in 1 cm große Würfel schneiden. Zwiebeln fein würfeln. Kartoffeln schälen und in 1 cm dicke Würfel schneiden.

**2.** Öl und Butter in einem Topf erhitzen, Zwiebeln darin bei mittlerer Hitze 3–4 Minuten glasig dünsten. Kartoffeln, Möhren und Knollen- und Staudensellerie zugeben und weitere 4–5 Minuten dünsten. Lorbeer zugeben, mit Geflügelfond, 500 ml Wasser und Sahne auffüllen und offen bei mittlerer bis starker Hitze 20–25 Minuten garen. Mit Salz und Muskat würzen. Lorbeer entfernen.

**3.** Inzwischen für die Nocken Petersilienblätter abzupfen und fein schneiden. Eiweiß in einer Schüssel leicht aufschlagen, Petersilie, Mett und Kalbshack zugeben und gut vermengen. Masse leicht mit Salz und Pfeffer würzen, 10 Minuten kalt stellen. Aus der Masse mit 2 feuchten Teelöffeln ca. 18 kleine Nocken abstechen und auf geöltes Backpapier legen. Nocken in leicht kochendes Salzwasser gleiten lassen und offen 5 Minuten ziehen lassen.

**4.** 400 g vom Eintopf in ein hohes Gefäß geben, mit einem Schneidstab fein pürieren und unter den Eintopf rühren. Petersilienblätter abzupfen und fein schneiden. Walnüsse in feine Scheiben hobeln oder schneiden. Eintopf in vorgewärmten Tellern mit Nocken, Walnüssen und Petersilie servieren.

Pro Portion: 14 g E, 33 g F, 17 g KH = 429 kcal (1795 kJ)

# Cremige Maronen-Kartoffel-Suppe

vegetarisch

Für 4 Portionen
Zubereitungszeit: 40 Minuten
Garzeit: 35 Minuten

1 Schalotte (30 g)
300 g Kartoffeln
200 g Pastinaken
45 g Butter
1 Lorbeerblatt
100 ml trockener Weißwein
830 ml Gemüsebrühe (heiß)
400 ml Milch
300 g geschälte Maronen (Vakuumpack)
60 g Zucker
Piment d'Espelette (ersatzweise Cayennepfeffer)
6 g getrocknete Steinpilze
Fleur de sel
½ Bund feiner Schnittlauch (15 g)
1 Beet Gartenkresse
8 El Rapskernöl
Zitronensaft

**1.** Schalotte fein würfeln. Kartoffeln und Pastinaken schälen und in 2 cm große Stücke schneiden. 30 g Butter in einem breiten Topf erhitzen. Schalotten darin bei mittlerer Hitze 3 Minuten glasig dünsten. Kartoffeln und Pastinaken zugeben und weitere 3 Minuten unter Rühren dünsten.

**2.** Lorbeer, Wein und Brühe zugeben und zugedeckt aufkochen. Milch zugeben, erneut zugedeckt aufkochen und bei milder Hitze 30 Minuten kochen lassen.

**3.** 100 g Maronen sechsteln. Zucker in einer Pfanne hellbraun karamellisieren. 80 ml Brühe zugießen (Vorsicht, es spritzt!). Maronen unterrühren und bei milder Hitze kochen, bis die Flüssigkeit fast verdampft ist. Restliche Butter unterrühren. Mit Piment d'Espelette würzen und beiseitestellen.

**4.** Steinpilze im Blitzhacker fein mahlen, mit 3 Tl Fleur de sel mischen und beiseitestellen. Schnittlauch in sehr feine Röllchen schneiden. Kresse kurz unter den Blättchen vom Beet schneiden, mit Schnittlauch und Öl verrühren.

**5.** Restliche Maronen 5 Minuten in der Suppe erhitzen. Suppe mit dem Schneidstab (oder im Mixer) sehr fein pürieren und mit 1–2 Spritzern Zitronensaft abschmecken. Suppe in vorgewärmte Teller füllen, mit Karamell-Maronen und Kräuteröl garnieren und das Steinpilzsalz dazu reichen.

Pro Portion: 8 g E, 35 g F, 65 g KH = 623 kcal (2605 kJ)

# Kartoffelcremesuppe mit Aal-Tatar

Für 4 Portionen
Zubereitungszeit: 30 Minuten
Garzeit: ca. 50 Minuten

**Aal-Tatar**
1 kleine Rote Bete (ca. 100 g)
Salz
½ Tl Wasabi-Paste
1 Tl Apfelessig
1 Tl Traubenkernöl
3 Stiele Dill
100 g geräuchertes Aalfilet (ohne Haut)

**Kartoffelsuppe**
80 g Schalotten
1 Bund Frühlingszwiebeln
400 g mehligkochende Kartoffeln
20 g Butter
150 ml Weißwein
300 ml Gemüsefond
300 ml Milch
150 ml Schlagsahne
Salz
Pfeffer
1–2 El Apfelessig

**1.** Für das Tatar Rote Bete in kochendem Salzwasser in 40–50 Minuten gar kochen. In kaltem Wasser abschrecken, beiseitestellen.

**2.** Für die Kartoffelsuppe Schalotten in dünne Streifen schneiden. Frühlingszwiebeln putzen und das Weiße und Hellgrüne in feine Ringe schneiden. Kartoffeln schälen und in ca. 1 cm dicke Scheiben schneiden.

**3.** Butter in einem Topf erhitzen und die Schalotten mit den Frühlingszwiebeln darin glasig dünsten. Kartoffeln zugeben, mit Weißwein ablöschen und bei mittlerer Hitze auf die Hälfte einkochen lassen. Mit Gemüsefond und Milch auffüllen und 15 Minuten zugedeckt bei milder Hitze kochen.

**4.** Für das Tatar die Rote Bete schälen (am besten mit Küchenhandschuhen), in feine Würfel schneiden und in eine Schale geben. Wasabi mit Essig und Öl glatt rühren und unter die Rote Bete rühren. Mit Salz würzen. Von 2 Stielen Dill die Spitzen abzupfen, grob schneiden und unter die Rote Bete mischen. Aal eventuell entgraten, in ca. 5 mm große Würfel schneiden und beiseitestellen.

**5.** Sahne in die Kartoffelsuppe geben, kurz aufkochen lassen und mit dem Schneidstab sehr fein pürieren. Mit Salz, Pfeffer und Apfelessig abschmecken. Suppe in vorgewärmten Tassen (oder Suppentellern) anrichten. Aal unter die Rote Bete heben und je 1 El Tatar auf die Suppe geben. Suppe mit dem restlichen Dill bestreuen und servieren.

**Tipp** Arbeiten Sie beim Schälen und Würfeln der Roten Bete mit Küchenhandschuhen, da sie stark färbt.

Pro Portion: 10 g E, 26 g F, 23 g KH = 392 kcal (1636 kJ)

# Rote-Bete-Kartoffel-Eintopf

Für 4–6 Portionen
Zubereitungszeit: 35 Minuten
Garzeit: 25–30 Minuten

100 g Zwiebeln
500 g mittelgroße Rote Bete
500 g festkochende Kartoffeln
200 g Wirsing
20 g frischer Ingwer
1 Tl Koriandersaat
2 El Öl
1,2 l Gemüsefond
Salz
Pfeffer
80 g Gewürzgurken
5 Stiele Dill
150 g Crème fraîche
2–3 El Zitronensaft

**1.** Zwiebeln halbieren und in feine Streifen schneiden. Rote Bete schälen (am besten mit Küchenhandschuhen, weil Rote Bete stark färbt!). Geschälte Rote Bete in ca. 5 mm dicke Scheiben schneiden, die Scheiben in ca. 5 mm dicke längliche Stifte schneiden. Kartoffeln schälen und in 2–3 cm große Stücke schneiden. Wirsing putzen, längs halbieren, den Strunk keilförmig herausschneiden. Wirsingblätter in 4–5 cm große Stücke schneiden. Ingwer schälen, in feine Würfel schneiden. Koriandersaat im Mörser fein mahlen.

**2.** Öl in einem großen Topf erhitzen und die Zwiebeln darin bei mittlerer Hitze glasig dünsten. Rote Bete zugeben und mit Fond auffüllen. Kurz aufkochen lassen und 25–30 Minuten bei mittlerer Hitze garen. Nach 10 Minuten die Kartoffeln zugeben und mit Salz und Pfeffer würzen. Nach 20 Minuten Wirsing, Ingwer und Koriander zugeben.

**3.** Für die Dill-Crème-fraîche die Gewürzgurken trocken tupfen, längs halbieren und quer in feine Scheiben schneiden. Dillästchen von den Stielen zupfen, fein schneiden und 2 Drittel davon unter die Crème fraîche rühren.

**4.** Eintopf mit Salz, Pfeffer und Zitronensaft abschmecken, in tiefen Tellern mit je 1–2 Tl Crème fraîche und Gewürzgurken anrichten. Mit dem restlichen Dill bestreuen und servieren.

Pro Portion (bei 6 Portionen): 4 g E, 11 g F, 20 g KH = 205 kcal (853 kJ)

# Kartoffel-Liebstöckel-Suppe

Für 4 Portionen
Zubereitungszeit: 45 Minuten
Garzeit: 40 Minuten
Ruhezeit: mindestens 1 Stunde

**Knäckebrot**
1 Tl Kümmelsaat
200 g Roggenvollkornmehl
75 g Weizenvollkornmehl
1½ Tl Trockenhefe
Salz
40 g Butter
80 ml Milch

**Suppe**
500 g mehligkochende Kartoffeln
100 g Knollensellerie
2 Zwiebeln
20 g Butter
100 ml Wermut (z. B. Noilly Prat)
750 ml Gemüsebrühe
2–3 Stiele Liebstöckel
Salz
Pfeffer
¼ Bund Schnittlauch
100 g Ziegenfrischkäse (z. B. Snøfrisk)

Außerdem: Backpapier und Mehl zum Bearbeiten

**1.** Kümmel in einer Pfanne ohne Fett rösten, bis er duftet, abkühlen lassen und im Mörser grob zerstoßen. Mehle, Hefe, 1 ½ Tl Salz und Kümmel in einer Schüssel mischen. Butter zerlassen, Milch und 80 ml Wasser zugeben, lauwarm abkühlen lassen und zum Mehl geben. Mit den Knethaken des Handrührers 8 Minuten zu einem geschmeidigen Teig verkneten. Zugedeckt an einem warmen Ort 1 Stunde (oder über Nacht im Kühlschrank) gehen lassen.

**2.** Teig auf der bemehlten Arbeitsfläche dünn auf 40 x 30 cm ausrollen, auf ein mit Backpapier belegtes Backblech legen, mehrmals mit der Gabel einstechen und mit dem Teigrad in 2 cm breite Streifen schneiden. Im vorgeheizten Backofen bei 200 Grad (Gas 3, Umluft 180 Grad) auf der 2. Schiene von unten 15 Minuten backen. Brot wenden und weitere 5 Minuten backen. Im Backofen auskühlen lassen. Kurz vorm Servieren in Portionsstücke brechen.

**3.** Kartoffeln und Sellerie schälen und grob würfeln. Zwiebeln fein würfeln. Butter im Topf zerlassen, Zwiebeln darin bei mittlerer Hitze andünsten. Kartoffeln und Sellerie zu den Zwiebeln geben und andünsten. Mit Wermut ablöschen und 2 Minuten einkochen. Brühe zugießen, zugedeckt 20 Minuten bei milder Hitze kochen. Suppe mit dem Schneidstab fein pürieren. Liebstöckelblätter abzupfen, in feine Streifen schneiden und zur Suppe geben. Mit Salz und Pfeffer würzen. Schnittlauch in feine Röllchen schneiden. Knäckebrot mit Käse bestreichen und mit Schnittlauch bestreut zur Suppe servieren.

Pro Portion: 14 g E, 18 g F, 63 g KH = 487 kcal (2042 kJ)

# Rüben & Beten

# Gemüsetopf mit Pesto

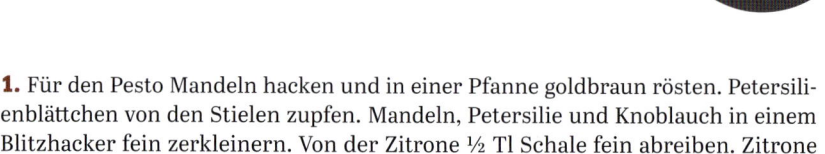

Für 4 Portionen
Zubereitungszeit: 30 Minuten
Garzeit: 20 Minuten

**Pesto**
30 g Mandelkerne (ohne Haut)
30 g Petersilie
1 Knoblauchzehe
1 Bio-Zitrone
30 ml Olivenöl
Salz
Pfeffer

**Eintopf**
150 g Schalotten
500 g Möhren
300 g Petersilienwurzeln
2 El Olivenöl
200 g Kirschtomaten
250 ml trockener Weißwein
1 kleine Dose
   weiße Riesenbohnen

**1.** Für den Pesto Mandeln hacken und in einer Pfanne goldbraun rösten. Petersilienblättchen von den Stielen zupfen. Mandeln, Petersilie und Knoblauch in einem Blitzhacker fein zerkleinern. Von der Zitrone ½ Tl Schale fein abreiben. Zitrone halbieren und 2 El Saft auspressen.

**2.** Mandel-Petersilien-Masse mit Olivenöl, Zitronensaft und -schale verrühren, mit Salz und Pfeffer würzen.

**3.** Für den Eintopf Schalotten vierteln. Möhren und Petersilienwurzeln schälen und in 1 cm dicke Scheiben schneiden. Olivenöl im Schmortopf erhitzen und die Schalotten 10 Minuten darin glasig dünsten. Kirschtomaten hinzufügen und anbraten. Weißwein zugießen und auf die Hälfte einkochen lassen.

**4.** Möhren und Petersilienwurzeln in den Topf geben und 400 ml Wasser zugießen. Zugedeckt 10 Minuten bei mittlerer Hitze kochen lassen. Riesenbohnen in einem Sieb abspülen und abtropfen lassen. Bohnen in den Topf geben, aufkochen und mit Salz und Pfeffer würzen. Pesto zum Eintopf servieren.

**Tipp** Petersilienwurzeln sind nicht ganz so robust wie Möhren, halten aber im Gemüsefach des Kühlschranks gut 2 Wochen. Wichtig: die Blätter vor dem Lagern abdrehen, sonst ziehen sie Wasser und Aromen aus der Wurzel. Gilt für alle Wurzelgemüse. Übrigens, der Mandel-Petersilien-Pesto schmeckt auch zu Tagliatelle und Spaghetti.

Pro Portion: 9 g E, 17 g F, 20 g KH = 289 kcal (1214 kJ)

# Steckrübensuppe

Für 4 Portionen
Zubereitungszeit: 50 Minuten

**Suppe**
500 g Steckrübe
1 Kartoffel (ca. 120 g)
2 Schalotten
15 g frischer Ingwer
3 El Öl
1 Tl Zucker
500 ml Gemüse- oder Geflügelbrühe
250 ml Schlagsahne
Salz
Pfeffer
Muskat
1–2 Spritzer Zitronensaft

**Einlage**
150 g Steckrübe
1 El Öl
1 Tl Butter
Salz
Pfeffer
Zucker
3 Stiele Petersilie
½ Tl fein abgeriebene Bio-Zitronenschale
4 El Olivenöl
1 geräucherte Entenbrust (350 g)

**1.** Steckrübe und Kartoffel schälen und in 2 cm große Würfel schneiden. Schalotten fein würfeln. Ingwer schälen und fein hacken. Öl in einem Topf erhitzen, Schalotten, Ingwer, Steckrübe und Kartoffel darin 5 Minuten farblos dünsten. Mit Zucker bestreuen und leicht karamellisieren. Mit Brühe, 500 ml Wasser und Sahne auffüllen. Mit Salz, Pfeffer und Muskat würzen, aufkochen lassen, dann bei mittlerer Hitze mit halb geöffnetem Deckel in 20–25 Minuten gar kochen. Suppe etwas abkühlen lassen, mit einem Schneidstab fein pürieren und durch ein Sieb in einen anderen Topf streichen. Suppe mit Salz, Pfeffer und Zitronensaft abschmecken.

**2.** Für die Einlage die Steckrübe schälen und in ½ cm große Würfel schneiden. Die Würfel mit Öl und Butter kurz andünsten, 100 ml Wasser zugeben. Bei milder Hitze offen 10–15 Minuten dünsten, bis die Steckrübenwürfel weich sind und die Flüssigkeit eingekocht ist. Mit Salz, Pfeffer und 1 Prise Zucker würzen.

**3.** Petersilienblätter abzupfen und fein hacken. Mit der Zitronenschale und dem Olivenöl mischen. Von der Entenbrust die Haut entfernen. Entenbrust in dünne Scheiben schneiden.

**4.** Die Suppe erwärmen, mit den Steckrübenwürfeln und der Entenbrust anrichten. Mit dem Petersilienöl beträufeln.

Pro Portion: 18 g E, 43 g F, 17 g KH = 540 kcal (2267 kJ)

# Selleriecremesuppe mit Koriandersahne und scharfen Kartoffelwürfeln

*vegetarisch*

Für 4 Portionen
Zubereitungszeit: 20 Minuten
Garzeit: 40 Minuten

**Suppe**
750 g Knollensellerie
150 g Kartoffeln
2 Schalotten
½ Tl Koriandersaat
20 g Butter
1 El Öl
2 frische Lorbeerblätter
500 ml Gemüsefond
500 ml Milch
Salz
Pfeffer
200 ml Schlagsahne
12 Stiele Koriandergrün

**Kartoffelwürfel**
180 g Kartoffeln
20 g Butter
2 El Öl
1 rote Chilischote
Salz

**1.** Für die Selleriecremesuppe den Sellerie putzen, schälen und in 2 cm große Würfel schneiden. Kartoffeln schälen und ebenfalls 2 cm groß würfeln. Schalotten fein würfeln. Koriander in einem Mörser fein zerstoßen. Butter und Öl in einem Topf erhitzen, Schalotten darin bei mittlerer Hitze glasig dünsten. Sellerie, Kartoffeln und Koriander zugeben und mitbraten. Lorbeerblätter mehrmals mit einer Schere einschneiden. Gemüsefond, Milch und Lorbeer zur Suppe geben und zugedeckt aufkochen. Mit Salz und Pfeffer würzen. Bei milder Hitze 30–35 Minuten kochen lassen.

**2.** Die Sahne steif schlagen und in 2 Portionen teilen. Koriandergrün mit den zarten Stielen fein hacken, unter die eine Hälfte der Sahne heben und kalt stellen.

**3.** Für die Kartoffelwürfel die Kartoffeln schälen und in ½ cm große Würfel schneiden. Butter und Öl in einer Pfanne erhitzen und die Kartoffeln darin bei mittlerer bis starker Hitze 10 Minuten goldbraun und knusprig braten. Die Chilischote längs halbieren, entkernen und fein hacken. Unter die Kartoffeln mischen und kurz mitbraten, mit Salz würzen.

**4.** Die Lorbeerblätter aus der Suppe nehmen. Die Suppe mit einem Schneidstab sehr fein pürieren und durch ein feines Sieb streichen. Suppe nochmals erhitzen, eventuell nachwürzen und die Sahne ohne Koriander mit einem Schneebesen unterschlagen. Kartoffelwürfel salzen. Suppe mit Koriandersahne und Kartoffelwürfeln anrichten.

**Pro Portion: 9 g E, 36 g F, 22 g KH = 458 kcal (1914 kJ)**

# Petersilienwurzelsuppe mit Granatapfelkernen

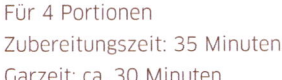

**vegetarisch**

Für 4 Portionen
Zubereitungszeit: 35 Minuten
Garzeit: ca. 30 Minuten

80 g Schalotten
400 g Petersilienwurzeln
40 g Butter
100 ml Weißwein
800 ml Gemüsefond
Salz
Pfeffer
2 El Mandelblättchen
1 kleiner Granatapfel
20 Stiele glatte Petersilie
200 ml Schlagsahne
Muskat
1 Tl Dijon-Senf
1–2 El Zitronensaft

**1.** Für die Suppe die Schalotten in feine Würfel schneiden. Petersilienwurzeln schälen und quer in ca. ½ cm dicke Scheiben schneiden.

**2.** Butter in einem Topf erhitzen und die Schalotten darin bei mittlerer Hitze glasig dünsten. Dann die Petersilienwurzeln zugeben und weitere 2 Minuten dünsten. Mit Weißwein ablöschen. Mit Fond auffüllen, etwas salzen und pfeffern und zugedeckt bei mittlerer Hitze in 15–20 Minuten gar kochen.

**3.** Inzwischen Mandelblättchen in einer Pfanne ohne Fett hellbraun rösten. Dann auf einen Teller geben und beiseitestellen. Granatapfel halbieren und die Kerne herauslösen. Abgedeckt beiseitestellen. Petersilienblätter abzupfen und grob schneiden.

**4.** Sahne zu den fertig gegarten Petersilienwurzeln gießen und in einen Küchenmixer füllen. Petersilie dazugeben, sehr fein mixen, bis die Suppe eine kräftig hellgrüne Farbe hat. Suppe zurück in den Topf gießen, nochmals kurz aufkochen und mit Salz, Pfeffer, etwas Muskat, Senf und Zitronensaft abschmecken.

**5.** Die Suppe in vorgewärmte tiefe Teller geben und mit jeweils 1 El Granatapfelkernen und einigen Mandeln bestreuen. Sofort mit den restlichen Mandeln und Granatapfelkernen servieren.

Pro Portion: 5 g E, 27 g F, 12 g KH = 327 kcal (1369 kJ)

# Topinambursuppe mit Trüffel

Für 6 Portionen
Zubereitungszeit: 1 Stunde
Garzeit: 45 Minuten

300 g weiße Zwiebeln
600 g Topinambur
50 g Butter
2 El Olivenöl
150 ml Wermut (z.B. Noilly Prat)
500 ml Milch
200 ml Schlagsahne
Salz
1 kleine schwarze Trüffel (10–15 g)

**1.** Zwiebeln in feine Streifen schneiden. Topinambur schälen und in kleine Würfel schneiden, 180 g für die Einlage beiseitestellen.

**2.** 30 g Butter und das Öl in einem Topf erwärmen, Zwiebeln darin bei mittlerer Hitze 3 Minuten andünsten. Topinamburwürfel zugeben und 3 Minuten mitdünsten. Mit Wermut ablöschen und stark einkochen. Mit Milch, Sahne und 200 ml Wasser auffüllen und zugedeckt 30–35 Minuten garen. Anschließend leicht mit Salz würzen. Inzwischen restliche Topinamburwürfel in kochendem Salzwasser 6–8 Minuten leicht bissfest garen, in ein Sieb gießen und gut abtropfen lassen.

**3.** Suppe am besten in einer Küchenmaschine sehr fein pürieren und mit Salz würzen.

**4.** Trüffel vorsichtig mit einem Pinsel (oder mit einer weichen Bürste) putzen. Trüffel am besten mit dem Trüffelhobel in dünne Scheiben hobeln und die Scheiben in feine Stifte schneiden.

**5.** Restliche Butter in einer Pfanne zerlassen, Trüffel und Topinamburwürfel darin kurz erwärmen. Vor dem Servieren die heiße Suppe nochmals pürieren und in Teller geben. Mit Topinamburwürfeln und Trüffel bestreut servieren.

Pro Portion: 6 g E, 24 g F, 12 g KH = 306 kcal (1285 kJ)

# Wurzeleintopf

Für 4 Portionen
Zubereitungszeit: 30 Minuten
Garzeit: 1 Stunde

150 g Zwiebeln
2 Knoblauchzehen
1 Bund junge Rote Bete (ca. 500 g)
1 Kohlrabi
300 g Knollensellerie
300 g Petersilienwurzeln
400 g Möhren
300 g Kartoffeln
1,5 l Gemüsefond
3 El Olivenöl
1 Stiel Liebstöckel
2 Lorbeerblätter
1–2 El Honig
2 El grober Senf
200 ml trockener Weißwein
Salz
Pfeffer
200 g Muschelnudeln
8 Stiele Petersilie
½ Bund Schnittlauch
50 g frischer Meerrettich

**1.** Zwiebeln und Knoblauch fein würfeln. Rote Bete, Kohlrabi, Sellerie, Petersilienwurzeln, Möhren und Kartoffeln schälen und in ca. 2 cm große Stücke schneiden. Gemüsefond in einem kleinen Topf erhitzen.

**2.** Öl in einem ofenfesten Topf erhitzen. Zwiebeln und Knoblauch darin glasig dünsten. Kartoffeln zugeben und 4–5 Minuten mitdünsten, Sellerie, Möhren, Petersilienwurzeln, Rote Bete, Liebstöckel und Lorbeer zugeben und kurz mitdünsten. Honig und Senf zugeben, mit Weißwein ablöschen und fast vollständig einkochen lassen, dabei mit Salz und Pfeffer würzen. Den heißen Fond zugeben, alles aufkochen und zugedeckt im vorgeheizten Backofen bei 220 Grad (Gas 3–4, Umluft nicht empfehlenswert) auf der 2. Schiene von unten 1 Stunde garen. Kohlrabi nach 20 Minuten zugeben. Nudeln 15 Minuten vor Ende der Garzeit untermischen und offen zu Ende garen.

**3.** Petersilienblätter abzupfen und grob schneiden. Schnittlauch in feine Röllchen schneiden. Meerrettich schälen und fein raspeln. Petersilie, Schnittlauch und Meerrettich in einer kleinen Schale mischen.

**4.** Eintopf mit Salz und Pfeffer abschmecken und mit der Kräuter-Meerrettich-Mischung bestreut servieren.

Pro Portion: 16 g E, 9 g F, 74 g KH = 472 kcal (1967 kJ)

# Gemüse-Pot-au-feu

Für 4 Portionen
Zubereitungszeit: 1:10 Stunden
Garzeit: 40 Minuten

150 g Schalotten
30 g frischer Ingwer
250 g Kartoffeln
250 g Topinambur
1 Fenchelknolle (ca. 300 g)
½ Bio-Zitrone
300 g Schwarzwurzeln
30 g Butter
200 ml Weißwein
500 ml Milch
500 ml Gemüsebrühe
20 g Kerbel
20 g glatte Petersilie
Salz
½ Tl rosenscharfes Paprikapulver
1 El Olivenöl
Pfeffer
150 ml Weißweinessig
4 Eier (Kl. M)

Außerdem: Kerbelblättchen zum Garnieren

**1.** Schalotten und Ingwer fein würfeln. Kartoffeln und Topinambur schälen, in mundgerechte Stücke schneiden und in kaltes Wasser legen. Fenchel putzen, halbieren, den Strunk keilförmig herausschneiden und die Fenchelhälften achteln. Zitronensaft auspressen und mit etwas kaltem Wasser in eine Schüssel geben. Schwarzwurzeln waschen, schälen, schräg in 1–2 cm große Stücke schneiden und sofort ins Zitronenwasser legen (mit Küchenhandschuhen arbeiten!).

**2.** Butter in einem Topf zerlassen, Schalotten und Ingwer darin bei mittlerer bis starker Hitze 3–4 Minuten dünsten. Mit Wein ablöschen und stark einkochen lassen. Milch und Brühe zugeben, offen bei milder Hitze 10 Minuten kochen und mit dem Schneidstab fein pürieren. Inzwischen Kerbel- und Petersilienblätter abzupfen, in kochendem Salzwasser 10 Sekunden blanchieren, in ein Sieb gießen, abschrecken und gut ausdrücken. Paprikapulver mit dem Öl verrühren.

**3.** Gemüse in einem Sieb gut abtropfen lassen. Alle Gemüse in die leicht siedende Suppe geben und zugedeckt bei milder Hitze 15–20 Minuten garen, dabei ab und zu am Topf rütteln, damit nichts am Boden ansetzt.

**4.** Sobald das Gemüse gar ist, 100 ml Suppe, Kerbel und Petersilie mit dem Schneidstab mindestens 2 Minuten fein pürieren (siehe Tipp) und mit Salz und Pfeffer würzen. Diese grüne Suppe in den Eintopf einrühren.

**5.** 4 l Wasser mit dem Essig einmal aufkochen. Je 1 Ei aufschlagen und in je 1 Schale (oder Tasse) gleiten lassen. Sobald das Wasser kocht, mithilfe eines Kochlöffels einen Strudel rühren. Eier nacheinander in das Wasser gleiten lassen und 4 Minuten garen. Mit der Schaumkelle herausheben und auf Küchenpapier abtropfen lassen.

**6.** Pot-au-feu aufkochen und in 4 Schalen geben, mit etwas Paprikaöl, Pfeffer und Kerbelblättchen garnieren. Je 1 pochiertes Ei darauf anrichten und sofort servieren. Dazu passt frisches Bauernbrot.

**Tipp** Damit der Eintopf eine schöne grüne Farbe bekommt, sollten Sie die Kerbel-Petersilien-Suppe etwas länger pürieren!

Pro Portion: 16 g E, 20 g F, 23 g KH = 358 kcal (1500 kJ)

# Gelbe-Bete-Suppe mit Kartoffel-Wan-Tan

Für 4 Portionen
Zubereitungszeit: 50 Minuten
Garzeit: 1 Stunde

**Suppe**
4 Stangen Zitronengras
150 ml Wermut (z. B. Noilly Prat)
150 ml trockener Weißwein
500 g Gelbe Bete
4 Schalotten
1 rote Chilischote
1 El Olivenöl
1 El Butter
1,2 l Gemüsefond
Salz
Zucker
2 El Weißweinessig
4 Stiele Dill

**Wan Tan**
200 g mehligkochende Kartoffeln
Salz
2 Frühlingszwiebeln
30 g frischer Ingwer
1 Limette
3 El Olivenöl
1–2 Tl helle Sojasauce
Pfeffer
16 Dumpling-Blätter (Asia-Laden)

Außerdem: Mehl zum Bestäuben

**1.** Zitronengras putzen, 2 Stangen in dünne Scheiben schneiden und mit Wermut und Wein in einen Topf geben. Auf die Hälfte einkochen und den Sud durch ein feines Sieb passieren.

**2.** Bete schälen und 1 Stück (ca. 80 g) davon beiseitelegen. Restliche Bete in ca. 5 mm kleine Würfel schneiden. Schalotten in feine Würfel schneiden. Restliches Zitronengras mit der Rückseite eines schweren Messers flach klopfen. Chilischote einritzen. Öl und Butter in einem Topf erhitzen, Schalotten darin glasig dünsten. Bete zugeben und 3–4 Minuten mitdünsten. Mit dem Zitronengrassud ablöschen und mit Fond auffüllen. Restliches Zitronengras und Chili zugeben, mit Salz und 1 Prise Zucker würzen und 50–60 Minuten bei mittlerer Hitze zugedeckt garen.

**3.** Inzwischen für die Wan Tan Kartoffeln waschen und ungeschält in kochendem Salzwasser in 20–25 Minuten weich garen. Frühlingszwiebeln putzen, waschen und das Weiße und Hellgrüne in dünne Scheiben schneiden. Ingwer schälen, fein reiben. Aus der Limette den Saft auspressen. Kartoffeln abgießen, kurz ausdämpfen lassen und pellen. Mit 2 El Öl in einen kleinen Topf geben und mit dem Kartoffelstampfer fein zerdrücken. Frühlingszwiebeln und Ingwer untermischen und mit Sojasauce, Pfeffer und Limettensaft abschmecken.

**4.** Teigblätter nebeneinander auf die Arbeitsfläche legen. Je 1 El Füllung in die Mitte der Blätter geben und eine Hälfte des Teigrands mit Wasser bestreichen. Teigränder über der Füllung zusammenklappen und fest andrücken. Auf diese Weise 16 Teigtaschen herstellen. Taschen auf einem leicht bemehlten Backblech mit einem Küchentuch bedecken.

**5.** Reichlich Wasser in einem großen Topf aufkochen und die Teigtaschen darin 3–4 Minuten garen. Restliche Bete fein reiben und mit Essig, Salz und restlichem Öl mischen. Dillspitzen abzupfen und grob hacken.

**6.** Suppe, Teigtaschen und die geriebene Bete auf Suppenteller verteilen. Mit Dill bestreut servieren.

Pro Portion: 5 g E, 14 g F, 40 g KH = 344 kcal (1448 kJ)

# Topinambursuppe mit Bündner Fleisch

Für 4 Portionen
Zubereitungszeit: 45 Minuten
Garzeit: 1:10 Stunden

400 g Topinambur
100 g Zwiebeln
30 g Butter
1-2 Tl Lebkuchengewürz
100 ml Weißwein
100 ml Wermut (z.B. Noilly Prat)
400 ml Milch
150 ml Schlagsahne
1 Stiel glatte Petersilie
4 Scheiben Bündner Fleisch
Salz

Außerdem: Backpapier

**1.** Topinambur putzen, dünn schälen und in feine Scheiben schneiden. Zwiebeln in feine Streifen schneiden. Butter in einem Topf zerlassen, Zwiebeln darin bei mittlerer Hitze 2–3 Minuten glasig dünsten. 300 g Topinambur und 1 Tl Lebkuchengewürz zugeben und weitere 2–3 Minuten glasig dünsten. Mit Wein und Wermut ablöschen und stark einkochen. Mit Milch und 200 ml Wasser auffüllen und zugedeckt 20–25 Minuten bei milder Hitze kochen.

**2.** Inzwischen restlichen Topinambur 5 Minuten in Salzwasser legen. In ein Sieb gießen und gut abtupfen. Topinambur auf ein mit Backpapier belegtes Backblech legen und im vorgeheizten Backofen auf der 2. Schiene von unten bei 220 Grad (Gas 3–4, Umluft 200 Grad) 8–10 Minuten knusprig backen.

**3.** Suppe im Mixer sehr fein pürieren, durch ein feines Sieb in einen Topf gießen und gut durchdrücken. Sahne unterrühren, einmal aufkochen und bei milder Hitze 20–30 Minuten kochen lassen, bis sie sämig ist, eventuell mit Salz nachwürzen.

**4.** Kurz vor dem Servieren Petersilienblättchen vom Stiel zupfen und Bündner Fleisch in feine Streifen schneiden. Suppe mit dem Schneidstab schaumig aufmixen. Suppe in vorgewärmte Teller geben, mit Bündner Fleisch, Topinambur-Chips, wenig Lebkuchengewürz und Petersilie bestreuen und servieren.

Pro Portion: 8 g E, 22 g F, 11 g KH = 322 kcal (1352 kJ)

# Rote-Bete-Aroniabeeren-Suppe

Für 4 Portionen
Zubereitungszeit: 1:10 Stunden

**Suppe**
700 g Rote Bete
Salz
2 Tl Koriandersaat
100 g Kartoffeln
80 g Schalotten
20 g frischer Ingwer
1 El Kokosöl
½ Tl Kurkuma
700 ml Gemüsefond
350 ml Aroniabeerendirektsaft
 (z. B. Reformhaus)
Fleur de sel

**Relish**
1 kleine Papaya (ersatzweise
 ½ Papaya)
2 Stangen Staudensellerie mit Grün
 (ca. 140 g)
1 weiße Zwiebel (ca. 50 g)
1 Bio-Limette
Fleur de sel
2–3 El Chardonnay-Essig (ersatzweise
 Weißweinessig)
3 El Hanföl

**1.** Für die Suppe die Rote Bete in Salzwasser ca. 50 Minuten gar kochen. Koriander im Mörser fein mahlen. Kartoffeln schälen und in ca. 1 cm große Stücke schneiden. Schalotten und Ingwer in feine Würfel schneiden.

**2.** Inzwischen für das Relish die Papaya schälen und längs halbieren. Kerne mit dem Esslöffel auskratzen und in einem Sieb unter fließend kaltem Wasser waschen. 1 El Kerne fein hacken und beiseitestellen. Fruchtfleisch in ca. 5 mm große Würfel schneiden. Staudensellerie putzen, das Grün in kaltem Wasser beiseitelegen. Sellerie putzen, entfädeln und in ca. 5 mm große Würfel schneiden. Zwiebel in feine Würfel schneiden. Limette waschen, trocken reiben, die Hälfte der Schale dünn abreiben und 2–3 El Saft auspressen. Limettensaft und -schale mit etwas Fleur de sel, Essig und Hanföl verrühren. Gehackte Papayakerne, Papayawürfel, Sellerie und Zwiebeln vorsichtig unterheben. 30 Minuten ziehen lassen.

**3.** Kokosöl in einem Topf erhitzen und die Schalotten darin glasig dünsten. Koriander und Kurkuma zugeben und 1 Minute mitdünsten. Mit Fond auffüllen, Kartoffeln zugeben und abgedeckt bei mittlerer Hitze 20 Minuten kochen.

**4.** Inzwischen die Rote Bete abgießen, in kaltem Wasser abschrecken und pellen (mit Küchenhandschuhen arbeiten!). Rote Bete in 2–3 cm große Stücke schneiden. Nach 10 Minuten Garzeit der Suppe Ingwer, Rote Bete und Aroniabeerensaft zugeben. Abgedeckt weitere 10 Minuten kochen. Mit dem Schneidstab sehr fein pürieren und mit etwas Fleur de sel abschmecken. Suppe in tiefen Tellern anrichten. Mit Sellerieblättern und je 1–2 El Relish garnieren und sofort servieren.

Pro Portion: 3 g E, 10 g F, 33 g KH = 262 kcal (1157 kJ)

# Kohl & Wintersalat

# Grünkohl-Eintopf mit Kokosmilch und lila Kartoffeln

Für 6–8 Portionen
Zubereitungszeit: 40 Minuten
Garzeit: 1 Stunde

**Eintopf**
800 g Grünkohl (geputzt)
Salz
300 g Zwiebeln
1 rote Chilischote
400 g lila Bio-Kartoffeln (Bio-Laden)
200 g Möhren
40 g Butter
Pfeffer
Zucker
400 ml Kokosmilch
400 ml Gemüsefond
40 g Haferflocken (aus Hafervollkorn)
100 g rote Linsen

**Gurken-Schmand**
1 Salatgurke (ca. 500 g)
Salz
Zucker
4 Stiele Dill
200 g Schmand
Pfeffer
Saft von ½ Zitrone

**1.** Grünkohl sorgfältig waschen. Grünkohl in einem großen Topf in Salzwasser 2–3 Minuten kochen, in ein Sieb gießen und gut abtropfen lassen. Zwiebeln vierteln und in feine Streifen schneiden. Chilischote putzen und in feine Ringe schneiden. Kartoffeln schälen und in ca. 2 cm dicke Würfel schneiden. Möhren putzen, schälen und ebenfalls in 2 cm dicke Stücke schneiden.

**2.** Butter in einem Schmortopf zerlassen, Zwiebeln und Chili darin bei mittlerer Hitze 2 Minuten glasig dünsten. Grünkohl zugeben, mit Salz, Pfeffer und Zucker bestreuen und 3–4 Minuten dünsten. Mit jeweils der Hälfte der Kokosmilch und des Fonds auffüllen und zugedeckt 10 Minuten bei milder Hitze kochen lassen. Kartoffeln, Möhren, restliche Kokosmilch, restlichen Fond und Haferflocken unterrühren und zugedeckt bei milder Hitze weitere 40–50 Minuten garen. Rote Linsen in leicht kochendem Wasser ca. 8 Minuten garen, erst zuletzt mit Salz würzen. Linsen in ein Sieb gießen, abschrecken und gut abtropfen lassen. Linsen am Ende der Garzeit unter den Grünkohl rühren.

**3.** Für den Schmand die Gurke schälen, längs halbieren, mit einem Löffel entkernen und in 1 cm dicke Scheiben schneiden. Gurke in eine Schüssel geben, mit Salz und 1 Prise Zucker würzen und ca. 10 Minuten ziehen lassen. Danach Gurkenscheiben in einem Sieb abtropfen lassen. Dillästchen abzupfen und mittelfein schneiden. Schmand mit der Hälfte der Gurkenscheiben und dem Dill in einem hohen Gefäß mit einem Schneidstab kurz anpürieren (je länger Sie pürieren, umso flüssiger wird der Schmand). Restliche Gurkenscheiben unterheben, mit Salz, Pfeffer und Zitronensaft abschmecken. Grünkohl-Eintopf in eine vorgewärmte Terrine füllen und den Gurken-Schmand getrennt dazu servieren.

Pro Portion (bei 8 Portionen): 11 g E, 18 g F, 25 g KH = 319 kcal (1336 kJ)

# Wirsing-Eintopf aus dem Ofen

Für 4 Portionen
Zubereitungszeit: 35 Minuten
Garzeit: 55-60 Minuten

1 Gemüsezwiebel
1 El Butterschmalz
1 Tl Kümmelsaat
150 ml Weißwein
600 g festkochende Kartoffeln
600 g Wirsing
1 Tl getrockneter Majoran
2 Lorbeerblätter
½ Tl Speisestärke
250 g Schmand
Salz
Pfeffer
4 Stiele Petersilie
100 g Bergkäse
½ Tl rosenscharfes Paprikapulver

**1.** Die Gemüsezwiebel fein würfeln. Butterschmalz in einem Topf erhitzen und die Zwiebelwürfel darin bei mittlerer Hitze glasig dünsten. Kümmel kurz mitdünsten. Mit Weißwein ablöschen und auf die Hälfte einkochen lassen.

**2.** Die Kartoffeln schälen und in 2 cm große Würfel schneiden. Den Kohl halbieren und den Strunk herausschneiden. Die Blätter grob schneiden. Kartoffeln und Kohl zu den Zwiebeln geben und kurz andünsten. Majoran und Lorbeer dazugeben und 300 ml Wasser zugießen. Stärke mit dem Schmand glatt rühren und einrühren. Mit Salz und Pfeffer würzen. Zugedeckt im vorgeheizten Backofen bei 200 Grad (Gas 3, Umluft 180 Grad) auf der 2. Schiene von unten 30 Minuten garen.

**3.** Petersilienblätter von den Stielen zupfen und fein hacken. Den Käse grob reiben und über den Eintopf streuen. 15 Minuten ohne Deckel gratinieren lassen. Vor dem Servieren mit Petersilie und Paprikapulver bestreuen.

**Pro Portion: 15 g E, 26 g F, 27 g KH = 427 kcal (1787 kJ)**

# Rotkohl-Apfel-Suppe mit Zimt-Croûtons

Für 4 Portionen
Zubereitungszeit: 25 Minuten
Garzeit: ca. 30 Minuten

100 g Zwiebeln
400 g Rotkohl
100 g Kartoffeln
3 El Olivenöl
200 ml Rotwein
800 ml Gemüsefond
Salz
Pfeffer
2 Bio-Orangen
20 g frischer Ingwer
2 säuerliche Äpfel (z. B. Boskop)
1 Tl gemahlener Koriander
1–2 El Akazienhonig
1 El Obstessig
3 Scheiben Toastbrot
30 g Butter
½ Tl gemahlener Zimt

**1.** Zwiebeln fein würfeln. Rotkohl halbieren, den Strunk herausschneiden und den Kohl quer in ca. ½ cm breite Streifen schneiden. Kartoffeln schälen und in grobe Stücke schneiden. Olivenöl in einem großen Topf erhitzen, Zwiebeln darin glasig dünsten. Rotkohl und Kartoffeln zugeben und 2–3 Minuten dünsten. Mit Rotwein ablöschen und fast ganz einkochen lassen. Mit Fond auffüllen, etwas salzen und pfeffern und zugedeckt 25 Minuten bei mittlerer Hitze kochen lassen.

**2.** Inzwischen 1 Orange so schälen, dass die weiße Haut vollständig entfernt wird. Filets mit einem scharfen Messer zwischen den Trennhäuten herausschneiden. Orangenreste mit den Händen ausdrücken und den Saft (40–50 ml) auffangen. Zweite Orange auspressen (ca. 150 ml). Saft zum vorhandenen Saft gießen. Den Ingwer schälen und fein würfeln. Die Äpfel vierteln, entkernen und in grobe Stücke schneiden.

**3.** Nach 20 Minuten Garzeit Orangensaft, Ingwer und Äpfel zum Rotkohl geben und zugedeckt weitere 5 Minuten garen. Dann mit einem Schneidstab sehr fein pürieren. Mit Salz, Pfeffer, Koriander, Honig und Essig abschmecken. Zugedeckt warm halten.

**4.** Für die Zimt-Croûtons das Toastbrot entrinden und in ca. 1 cm große Würfel schneiden. Die Butter in einer Pfanne erhitzen, den Zimt dazugeben und gut verrühren. Das Toastbrot darin bei mittlerer Hitze unter Schwenken hellbraun rösten. Dann sofort auf einen Teller geben. Die Suppe in vorgewärmte Schalen füllen und mit den Orangenfilets garnieren. Mit den Croûtons bestreuen und sofort servieren.

Pro Portion: 5 g E, 14 g F, 38 g KH = 330 kcal (1381 kJ)

# Grünkohl-Steckrüben-Eintopf

Für 4-6 Portionen
Zubereitungszeit: 30 Minuten
Garzeit: ca. 30 Minuten

400 g frischer Grünkohl (geputzt)
Salz
500 g Steckrübe
150 g Möhren
60 g Schalotten
2 rote Chilischoten
2 Stangen Zitronengras
1 Bund Frühlingszwiebeln
2 El Öl
1 El Rohrzucker
1 Sternanis
1,5 l Gemüsefond
80 g Risoni (italienische reisförmige Nudeln)
200 ml Kokosmilch
4-5 El Limettensaft

**1.** Grünkohl gründlich waschen und abtropfen lassen. In kochendem Salzwasser 3 Minuten garen, abgießen, abschrecken und in einem Durchschlag abtropfen lassen. Grünkohl mit den Händen leicht ausdrücken und grob schneiden.

**2.** Steckrübe schälen und in ca. 5 mm dicke Scheiben schneiden. Aus den Scheiben 5 mm breite und ca. 5 cm lange Stücke schneiden (ähnlich wie Pommes frites). Möhren schälen, längs halbieren und schräg in 3–4 mm dünne Stücke schneiden. Schalotten in feine Ringe schneiden. Chili längs einschneiden. Zitronengras mit dem Rücken eines großen Küchenmessers leicht faserig klopfen. Frühlingszwiebeln waschen, das Weiße und Hellgrüne in ca. 5 mm breite Ringe schneiden.

**3.** Öl in einem großen Topf erhitzen und die Schalotten darin bei mittlerer Hitze glasig dünsten. Zucker, Anis und Grünkohl zugeben und 2 Minuten dünsten. Steckrübenstücke zugeben, mit Fond auffüllen, kurz aufkochen lassen und bei mittlerer Hitze 25 Minuten garen. Mit Salz würzen.

**4.** Nach 10 Minuten Möhren, Chili, Zitronengras und Nudeln zugeben. 5 Minuten vor Ende der Garzeit Kokosmilch und Frühlingszwiebeln zugeben. Mit Limettensaft abschmecken. Im Topf oder in tiefen Tellern servieren.

Pro Portion (bei 6 Portionen): 7 g E, 10 g F, 24 g KH = 222 kcal (932 kJ)

# Kohl-Bulgur-Eintopf

*vegetarisch*

Für 4 Portionen
Zubereitungszeit: 40 Minuten
Garzeit: ca. 1 Stunde

200 g Zwiebeln
1 Knoblauchzehe
800 g Spitzkohl
200 g Möhren
400 g festkochende Kartoffeln
1 El Kümmelsaat
1,5 l Gemüsefond
5 El Olivenöl
2 El Tomatenmark
1–2 El edelsüßes Paprikapulver
2–3 Tl Honig
Salz
Pfeffer
120 g grober Bulgur
1 Bund Petersilie
4 Stiele Minze
1 Bio-Zitrone
2 Äpfel
2–3 El Obstessig

**1.** Zwiebeln und Knoblauch fein würfeln. Kohl putzen, waschen, vierteln, den Strunk entfernen, Kohlviertel grob schneiden. Möhren schälen, längs halbieren und in ca. 2 cm breite Stücke schneiden. Kartoffeln schälen und in ca. 2,5 cm große Stücke schneiden. Kümmel in einer Pfanne ohne Fett anrösten und beiseitestellen.

**2.** Gemüsefond in einem kleinen Topf erhitzen. 3 El Öl in einem großen Topf erhitzen, Kohl darin 10–15 Minuten bei starker Hitze dunkelbraun anbraten und aus dem Topf nehmen.

**3.** Restliches Öl in den Topf geben. Zwiebeln und Knoblauch darin glasig dünsten. Kartoffeln und Möhren zugeben und 3–4 Minuten unter Rühren anbraten. Tomatenmark und Paprikapulver zugeben und unter Rühren andünsten. Kohl, Honig und Kümmel zugeben und mit heißem Gemüsefond auffüllen. Mit Salz und Pfeffer würzen. Aufkochen und 45 Minuten zugedeckt garen. 20 Minuten vor Ende der Garzeit Bulgur zugeben.

**4.** Kräuterblätter abzupfen, mittelfein hacken. Zitrone waschen, abtrocknen, Schale fein abreiben, mit den Kräutern mischen. Äpfel vierteln, entkernen, in ca. 1 cm große Würfel schneiden, 10 Minuten vor Ende der Garzeit zugeben. Eintopf mit Essig, Salz und Pfeffer abschmecken, mit den Kräutern bestreut servieren.

**Tipp** Der Spitzkohl muss wirklich richtig stark und dunkel angebraten werden, damit die Röstaromen gut rauskommen.

Pro Portion: 11 g E, 13 g F, 59 g KH = 417 kcal (1737 kJ)

# Rotkohlsuppe mit Schweinebauch und Flusskrebsen

Für 6–8 Portionen
Zubereitungszeit: 40 Minuten
Garzeit: 3:10 Stunden

300 ml Orangensaft
2 Sternanis
Salz
700 g Schweinebauch (am Knochen, mit Schwarte)
500 g kleine festkochende Kartoffeln
450 g Zwiebeln
1 kg Rotkohl
60 g Gänseschmalz
500 ml Geflügelfond
1–2 El Rotweinessig
100 g rotes Johannisbeergelee
Pfeffer
28 Flusskrebse (küchenfertig; in Lake)
20 g Butter
3–4 Stiele Dill

**1.** Orangensaft mit Sternanis, 300 ml Wasser und 1 Tl Salz aufkochen. Schweinebauch auf der Schwarte einlegen und zugedeckt bei milder Hitze 1:50 Stunden garen. Schweinebauch auf ein Backblech legen und abkühlen lassen, Fond beiseitestellen.

**2.** Inzwischen Kartoffeln waschen und ungeschält in Salzwasser 18–20 Minuten garen. Kartoffeln in ein Sieb abgießen, abtropfen lassen, noch warm pellen und eventuell halbieren.

**3.** Zwiebeln vierteln und fein schneiden. Rotkohl putzen, halbieren und bis zum Strunk in feine Scheiben schneiden (oder hobeln).

**4.** Schmalz in einem breiten Topf erwärmen, Zwiebeln darin bei mittlerer Hitze 3–4 Minuten dünsten. Rotkohl zugeben und weitere 2–3 Minuten dünsten. Geflügelfond, Orangensaftfond, Essig, Johannisbeergelee und 300 ml Wasser zugeben und zugedeckt 1–1:10 Stunden garen, mit Salz und Pfeffer würzen. Schwarte vom Schweinebauch schneiden (siehe Tipp 1), Fleisch vom Knochen lösen, in mundgerechte Stücke schneiden und im Backofen bei 80 Grad (Gas 1, Umluft 100 Grad) warm halten.

**5.** Flusskrebse in ein Sieb gießen, kurz abspülen und abtropfen lassen. Butter in einer beschichteten Pfanne zerlassen, Kartoffeln darin bei mittlerer Hitze 2–3 Minuten braten. Flusskrebse kurz unterschwenken. Dillspitzen abzupfen. Suppe in Schalen geben, etwas Fleisch, Krebse und Kartoffeln zugeben und mit Dill bestreut servieren.

**Tipp 1** Schwarte zwischen 2 Lagen Backpapier zwischen 2 Backbleche legen und im vorgeheizten Backofen auf der 2. Schiene von unten bei 180 Grad (Gas 2–3, Umluft 160 Grad) in 8–10 Minuten knusprig garen. Einfach zum So-weg-Knabbern!

**Tipp 2** Wer selbst Krebse abkochen will: einen großen Topf mit 6 l Wasser, 90 g Salz, 1 Bund Dill, ½ Bund glatter Petersilie (grob gehackt), 2 El Kümmel (gemörsert) aufkochen. Erst wenn das Wasser stark kocht (!), 7 Krebse ins kochende Wasser geben, Deckel auflegen, Krebse nach 1 Minute mit einer Schaumkelle herausnehmen. Erst wenn das Wasser wieder kocht (!), die nächsten 7 Krebse hineingeben und so portionsweise alle Krebse kochen. Abkühlen lassen und ausbrechen.

Pro Portion (bei 8 Portionen): 23 g E, 35 g F, 25 g KH = 516 kcal (2163 kJ)

# Sauerkrauteintopf mit Speck

Für 4–6 Portionen
Zubereitungszeit: 45 Minuten
Garzeit: 1:10 Stunden

20 g getrocknete Steinpilze
500 g Sauerkraut
500 g Schweinenacken
200 g durchwachsener Speck
1 Zwiebel
2 Knoblauchzehen
4 Paprikawürstchen (z. B. Debreziner)
2 El Butterschmalz
Salz
Pfeffer
1 El Tomatenmark
brauner Zucker
1 El edelsüßes Paprikapulver
1 El Kümmelsaat
600 ml Geflügelfond
2 Lorbeerblätter
6 Wacholderbeeren
Cayennepfeffer
2 Äpfel
1 Tl Majoran
1 Bund Schnittlauch
150 g Saure Sahne

**1.** Die Steinpilze mit 200 ml heißem Wasser übergießen und 30 Minuten darin einweichen.

**2.** Inzwischen Sauerkraut im Sieb abtropfen lassen. Schweinenacken und Speck in ca. 3 cm große Würfel schneiden. Zwiebel und Knoblauch in feine Würfel schneiden. Würstchen in ca. 3 cm lange Stücke schneiden.

**3.** 1 El Butterschmalz im Bräter erhitzen. Schweinenacken mit Salz und Pfeffer würzen und mit dem Speck darin bei starker Hitze auf allen Seiten scharf anbraten. Aus dem Bräter nehmen und beiseitestellen. Pilze aus dem Wasser nehmen, ausdrücken und in feine Streifen schneiden. Pilzwasser durch einen Papierfilter gießen und auffangen.

**4.** Restliches Schmalz im Bräter erhitzen. Zwiebel und Knoblauch darin glasig dünsten. Sauerkraut zugeben und 5–6 Minuten unter Rühren dünsten. Tomatenmark, 1 El Zucker, Paprika und Kümmel zugeben und unter Rühren 1–2 Minuten anrösten. Mit Pilzwasser und Geflügelfond ablöschen. Lorbeer, Wacholder, Pilze, Fleisch, Speck und Würstchen zugeben und mit Salz und Cayenne abschmecken. Äpfel waschen, vierteln, das Kerngehäuse entfernen, Viertel in Würfel schneiden und zum Eintopf geben. Zugedeckt 1 Stunde garen. Majoran 10 Minuten vor Ende der Garzeit untermischen.

**5.** Schnittlauch in feine Röllchen schneiden. Eintopf mit Salz, Pfeffer und Zucker abschmecken, mit Schnittlauch bestreuen und mit der Sauren Sahne servieren.

Pro Portion (bei 6 Portionen): 33 g E, 42 g F, 15 g KH = 594 kcal (2490 kJ)

# Radicchio-Linsen-Eintopf mit grünem Hokkaido

Für 4–6 Portionen
Zubereitungszeit: 1:15 Stunden

150 g Beluga-Linsen
1 Lorbeerblatt
2 Knoblauchzehen
Salz
2 Zwiebeln
200 g Knollensellerie
200 g Möhren
100 g Lauch
1 Tomate (ca. 100 g)
4 Datteln (entsteint)
1 rote Chilischote
1 Dose Kichererbsen (425 g)
600 g grüner Hokkaido-Kürbis
2 El Olivenöl
1 El Butter
½ Tl Zimtpulver
2 Gewürznelken
1,4 l Gemüsefond
150 g Radicchio di Treviso
3 Stiele Minze
3 Stiele Petersilie
Pfeffer
1–2 El Limettensaft
125 g griechischer Sahnejoghurt

**1.** Linsen mit Lorbeer und 1 angedrückten Knoblauchzehe nach Packungsanweisung 20–25 Minuten bissfest garen. Kurz vor Ende der Garzeit herzhaft mit Salz würzen. Linsen in ein Sieb abgießen, abschrecken und abtropfen lassen.

**2.** Restlichen Knoblauch und Zwiebeln in feine Würfel schneiden. Sellerie und Möhren schälen und in feine Würfel schneiden. Lauch putzen, waschen und das Weiße und Hellgrüne in feine Würfel schneiden. Stielansatz aus der Tomate schneiden, Tomate in feine Würfel schneiden. Datteln in feine Würfel schneiden. Chili einritzen. Kichererbsen im Sieb abspülen und abtropfen lassen. Kürbis sorgfältig waschen, halbieren, entkernen und in ca. 3 cm große Stücke schneiden.

**3.** Öl und Butter in einem Topf erhitzen. Knoblauch und Zwiebeln darin glasig dünsten. Möhren und Sellerie zugeben, 2–3 Minuten mitdünsten. Kürbis, Zimt, Nelken, Chili und Datteln zugeben, mit Fond auffüllen und mit Salz abschmecken. Eintopf aufkochen und bei mittlerer Hitze 25 Minuten garen. Tomate und Kichererbsen nach 15 Minuten zugeben. Linsen und Lauch 5 Minuten vor Ende der Garzeit zugeben.

**4.** Radicchio putzen, waschen, trocken schleudern und in Streifen schneiden. Minz- und Petersilienblätter von den Stielen zupfen und grob hacken. Eintopf mit Salz, Pfeffer und Limettensaft abschmecken. Mit Minze, Petersilie und Radicchio bestreuen und mit dem Joghurt servieren.

Pro Portion (bei 6 Portionen): 13 g E, 10 g F, 45 g KH = 349 kcal (1543 kJ)

# Hülsenfrüchte

# Italienischer Linseneintopf

Für 4 Portionen
Zubereitungszeit: 45 Minuten
Garzeit: 45 Minuten

200 g Berg- oder Alblinsen
150 g Möhren
150 g Knollensellerie
100 g Lauch
150 g Zwiebeln
2 Knoblauchzehen
60 g Pancetta oder durchwachsener Speck
500 ml Geflügelfond
1 El Butterschmalz
8 Salsicce (à ca. 100 g; pikant gewürzte italienische Würste)
2 El Olivenöl
2 Lorbeerblätter
100 g mehligkochende Kartoffeln
400 ml Rotwein
3 Stiele Thymian
8 Stiele Petersilie
Salz
Pfeffer
Zucker
2-3 El Aceto balsamico

**1.** Linsen mit 1 l kaltem Wasser in einen Topf geben und zugedeckt aufkochen. Bei milder Hitze ca. 20 Minuten bissfest garen. Linsen in einem Sieb abgießen, abschrecken und sehr gut abtropfen lassen.

**2.** Möhren und Sellerie schälen und fein würfeln. Lauch putzen und in feine Würfel schneiden. Zwiebeln und Knoblauch fein würfeln. Pancetta fein würfeln. Geflügelfond in einem Topf erhitzen.

**3.** Butterschmalz in einem zweiten Topf erhitzen und die Salsicce darin von allen Seiten scharf anbraten. Aus dem Topf nehmen. Olivenöl, Pancetta, Sellerie und Möhren zugeben und farblos anbraten. Zwiebeln und Knoblauch zugeben und 2 Minuten mitdünsten. Lorbeer, Lauch und Linsen zugeben, kurz mitdünsten.

**4.** Die Kartoffeln schälen, fein reiben und zugeben. Mit der Hälfte vom Rotwein ablöschen und vollständig einkochen lassen. So viel Fond zugießen, dass die Linsen bedeckt sind. Salsicce zurück in den Topf geben und offen bei mittlerer Hitze unter häufigem Rühren 25–30 Minuten garen. Dabei nach und nach den restlichen Rotwein und den restlichen heißen Fond zugießen.

**5.** Thymianblättchen von den Stielen zupfen und 10 Minuten vor Ende der Garzeit zugeben. Petersilienblätter abzupfen und fein hacken. Die Rotweinlinsen mit Salz, Pfeffer, Zucker und Aceto balsamico abschmecken. Mit Petersilie bestreut servieren.

Pro Portion: 58 g E, 64 g F, 32 g KH = 960 kcal (4030 kJ)

# Geschmorter Kürbis-Bohnen-Eintopf

Für 4 Portionen
Zubereitungszeit: 30 Minuten
Garzeit: 55 Minuten

800 g Butternut-Kürbis, ersatzweise Hokkaido
4 Schalotten
1 Knoblauchzehe
1 kleine Dose Cannellini-Bohnen
1 kleine Dose geschälte Tomaten
4 Thüringer Bratwürste
1 El Butter
2 El Olivenöl
2 El Weißweinessig
2 El brauner Zucker
2 Stiele Salbei
1 Lorbeerblatt
Salz
Pfeffer
5 Stiele krause Petersilie

**1.** Kürbis schälen, längs halbieren und die Kerne mit einem Löffel herausschaben. Das Fruchtfleisch in ca. 2 cm große Würfel schneiden. Schalotten und Knoblauch fein würfeln. Bohnen in einem Sieb abtropfen lassen. Tomaten klein schneiden. Bratwürste in ca. 3 cm lange Stücke schneiden.

**2.** Butter und Öl in einem ofenfesten Bräter erhitzen. Die Bratwurststücke darin 4–5 Minuten von allen Seiten anbraten. Schalotten und Knoblauch dazugeben und kurz mitbraten. Kürbis zugeben und untermischen. Mit Essig ablöschen. Tomaten, Bohnen, 300 ml Wasser, Zucker, Salbei und Lorbeer dazugeben und mit Salz und Pfeffer würzen. Aufkochen lassen und im vorgeheizten Backofen bei 180 Grad (Gas 2–3, Umluft 160 Grad) auf der mittleren Schiene 40–45 Minuten offen garen.

**3.** Petersilienblätter abzupfen und fein hacken. Den Eintopf mit der Petersilie bestreut servieren.

**Tipp** Warum wir den Kürbis im Ofen garen? So bilden sich mehr Röstaromen, und das Gemüse verliert weniger Wasser als auf dem Herd.

Pro Portion: 20 g E, 33 g F, 29 g KH = 504 kcal (2118 kJ)

# Graupeneintopf

Für 4-6 Portionen
Zubereitungszeit: 30 Minuten
Garzeit: 30 Minuten

**Graupeneintopf**
300 g Möhren
200 g Knollensellerie
1 Stange Lauch (ca. 250 g)
120 g Graupen (mittelgroßes Korn)
2 El Olivenöl
80 g Roter Reis (Camargue-Reis)
1,5 l Gemüsefond
1 kleine Dose Cannellini-Bohnen (240 g; ersatzweise kleine weiße Bohnen)
1 kleine Dose Tomaten (240 g)
6 Stiele Thymian
Salz
Pfeffer
½ Tl fein abgeriebene Bio-Orangenschale
5 Stiele glatte Petersilie

**Zimt-Knoblauch-Croûtons**
4 Scheiben Toastbrot
1 Knoblauchzehe
50 g Butter
3-4 Msp. gemahlener Zimt

**1.** Möhren und Sellerie putzen, schälen und in ca. 5 mm große Würfel schneiden. Lauch putzen, längs halbieren, waschen und nochmals längs halbieren, das Weiße und Hellgrüne quer in ca. 5 mm große Stückchen schneiden. Graupen in einem Sieb kalt abspülen und abtropfen lassen.

**2.** Öl in einem großen Topf erhitzen, Möhren, Sellerie und Lauch 2–3 Minuten darin dünsten. Graupen und Reis zugeben, mit Fond auffüllen, kurz aufkochen und bei mittlerer Hitze 20 Minuten kochen. Cannellini-Bohnen in einem Sieb kalt abspülen und abtropfen lassen. Dosentomaten in eine kleine Schale füllen und grob mit den Fingern zerpflücken, Stielansätze dabei entfernen.

**3.** Nach 15 Minuten Garzeit Bohnen, Tomaten, Thymian, Salz, Pfeffer und Orangenschale zugeben. Den fertig gegarten Eintopf beiseitestellen und abgedeckt warm halten.

**4.** Für die Zimt-Croûtons das Brot dünn entrinden und in ca. 5 mm große Würfel schneiden. Knoblauch halbieren und eine Pfanne damit ausreiben. Butter in der Pfanne zerlassen, Zimt unterrühren und die Brotwürfel mit der Zimt-Butter in der Pfanne mischen. Würfel rösten, bis sie knusprig sind.

**5.** Petersilienblätter abzupfen, fein schneiden. Eintopf im Topf oder in tiefen Tellern servieren, mit Croûtons und Petersilie bestreuen.

Pro Portion (bei 6 Portionen): 8 g E, 12 g F, 40 g KH = 302 kcal (1262 kJ)

# Süßkartoffel-Linsen-Cremesuppe

Für 4 Portionen
Zubereitungszeit: 35 Minuten

**Suppe**
2 Schalotten (60 g)
2 El Öl
500 g Süßkartoffeln
200 g rote Linsen
2 Lorbeerblätter
500 ml Geflügelfond
2 El weiße Tahine (Sesampaste; Naturkostladen)
Salz
6 Stiele glatte Petersilie

**Hühnerspieße**
1 El ungeschälte Sesamsaat
1 Tl Fenchelsaat
1 Tl Koriandersaat
1 Tl grobes Meersalz
½ Tl Piment d'Espelette (ersatzweise Cayennepfeffer)
2 Hähnchenbrustfilets (à 200 g, ohne Haut)
3 El Öl

Außerdem: 8 Holzspieße

**1.** Für die Suppe die Schalotten fein würfeln und im heißen Öl bei mittlerer Hitze glasig dünsten. Süßkartoffeln schälen und in 2 cm große Würfel schneiden. Mit den Linsen unterrühren. Lorbeer, Fond und 800 ml Wasser zugeben. Zugedeckt aufkochen und bei milder Hitze 20 Minuten kochen lassen.

**2.** Für die Spieße Sesam, Fenchel, Koriander und Meersalz im Mörser nicht zu fein zerstoßen. Mit Piment d'Espelette mischen. Hähnchenbrüste längs in je 4 Streifen schneiden, etwas flach drücken und jeweils wellenförmig auf einen Spieß stecken. Rundum mit der Gewürzmischung bestreuen.

**3.** Öl in einer großen beschichteten Pfanne erhitzen, Spieße darin bei mittlerer bis starker Hitze 10 Minuten rundum goldbraun braten, dabei einmal wenden.

**4.** Lorbeerblätter aus der Suppe entfernen, Tahine zugeben und mit einem Schneidstab fein pürieren. Suppe mit Salz würzen. Petersilienblätter abzupfen und fein hacken. Suppe mit den Spießen anrichten.

**Tipp** Dunkle Tahine ist kräftig und bitterer, sie wird aus ungeschältem Sesam gemacht, mildere weiße Tahine aus geschältem Sesam.

Pro Portion: 43 g E, 22 g F, 54 g KH = 600 kcal (2508 kJ)

# Linseneintopf mit Salsiccia

**Für 4 Portionen**
Zubereitungszeit: 45 Minuten

200 g Möhren
150 g Knollensellerie
100 g Petersilienwurzeln
200 g festkochende Kartoffeln
30 g Schalotten
50 g Pancetta (in Scheiben; ersatzweise durchwachsener Speck)
3 El Öl
1 El Tomatenmark
150 g kleine braune Linsen
1 Lorbeerblatt
Salz
Pfeffer
4 Salsicce (italienische Fenchelwürste; à ca. 100 g)
4 Stiele Petersilie
3–4 El alter Balsamessig
   (z. B. P.X.-Balsamessig; z. B. über www.deli-kontor.de)

**1.** Möhren, Sellerie und Petersilienwurzeln putzen, schälen und in 1 cm große Würfel schneiden. Kartoffeln schälen, in 1 cm große Würfel schneiden und in kaltes Wasser legen. Schalotten fein würfeln.

**2.** Pancetta würfeln und in 1 El heißem Öl bei mittlerer Hitze ohne Farbe anbraten. Schalotten, Möhren, Sellerie, Petersilienwurzeln und abgetropfte Kartoffeln zugeben und 3 Minuten unter Rühren dünsten. Tomatenmark unterrühren. Linsen, Lorbeer und 1 l kochend heißes Wasser zugeben. Kräftig mit Salz und Pfeffer würzen, zugedeckt aufkochen und bei milder Hitze 30 Minuten kochen lassen.

**3.** Salsicce längs halbieren und in einer Pfanne auf den Schnittflächen im restlichen heißen Öl bei mittlerer bis starker Hitze 3–4 Minuten goldbraun braten. Salsicce wenden und weitere 2 Minuten goldbraun braten. Petersilienblättchen abzupfen und fein schneiden.

**4.** 2 Kellen Eintopf (ca. 300 ml) in einem hohen Gefäß mit dem Schneidstab pürieren. Wieder in den Eintopf rühren und mit Essig abschmecken. Eintopf und Salsiccia mit Petersilie bestreut anrichten.

**Tipp** Die Konsistenz des Eintopfs kann variieren – bei Bedarf einfach mit kochend heißem Wasser verdünnen. Zum Eintopf besonders gut: der 25 Jahre alte P.X.-Balsamessig (siehe Info Seite 82).

Pro Portion: 25 g E, 36 g F, 31 g KH = 560 kcal (2347 kJ)

# Gelbe Linsen-Möhren-Suppe mit geröstetem Blumenkohl

Für 4 Portionen
Zubereitungszeit: 45 Minuten
Garzeit: 40 Minuten

200 g gelbe Linsen
400 g Möhren
2 Knoblauchzehen
2 Zwiebeln
20 g frischer Ingwer
1 Tl Kreuzkümmelsaat (türkischer Laden)
1,5 l Geflügelfond
9 El Olivenöl
1 El Harissa (türkischer Laden)
Salz
Pfeffer
1 El Honig
1–2 El Zitronensaft
1 El Schwarzkümmel (türkischer Laden)
1 El Pul biber (Chiliflocken; türkischer Laden)
1 El getrocknete Minze (ersatzweise 1 Beutel Pfefferminztee)
250 g Blumenkohl
150 g griechischer Sahnejoghurt (10 % Fett)
4 Stiele Dill

**1.** Linsen im Sieb kalt abspülen und abtropfen lassen. Möhren putzen, schälen und in ca. 1,5 cm große Würfel schneiden. Knoblauch, Zwiebeln und Ingwer fein würfeln. Kreuzkümmel in einer Pfanne ohne Fett anrösten. Geflügelfond erhitzen.

**2.** 2 El Olivenöl in einem großen Topf erhitzen. Möhren bei mittlerer Hitze 8–10 Minuten braten. Zwiebeln, Knoblauch und Ingwer zugeben und glasig dünsten. Linsen zugeben, kurz mitdünsten. Harissa und Kreuzkümmel zugeben und mit Geflügelfond auffüllen. Gemüse bei mittlerer Hitze in 20–25 Minuten weich garen. Suppe mit dem Schneidstab sehr fein pürieren und mit Salz, Pfeffer, Honig und Zitronensaft abschmecken. Suppe warm halten.

**3.** Für das Gewürzöl 5 El Olivenöl in einer Pfanne erhitzen. Schwarzkümmel darin 2–3 Minuten braten. Pul biber und getrocknete Minze zugeben und sofort in eine Schale geben.

**4.** Blumenkohl putzen, waschen und in kleine Röschen teilen. Restliches Olivenöl in einer Pfanne erhitzen. Blumenkohl bei starker Hitze 4–5 Minuten braten. Joghurt zugeben, mit Salz würzen und bei milder Hitze 1–2 Minuten unter Rühren garen.

**5.** Dillspitzen abzupfen und fein schneiden. Suppe in Schalen anrichten. Je etwas von der Blumenkohlmischung auf der Suppe verteilen. Mit dem Gewürzöl beträufeln und mit Dill bestreuen.

Pro Portion: 23 g E, 29 g F, 34 g KH = 498 kcal (2089 kJ)

# Linseneintopf mit Möhren und Topinambur

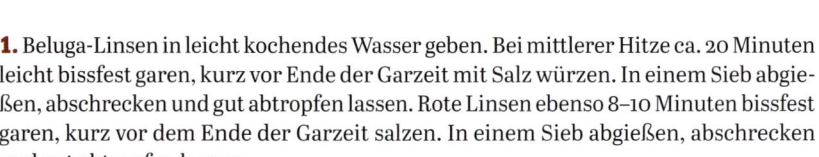

Für 4-6 Portionen
Zubereitungszeit: 25 Minuten
Garzeit: 1 Stunde

100 g Beluga-Linsen
Salz
100 g rote Linsen
150 g Zwiebeln
180 g Bundmöhren
300 g Knollensellerie
400 g Topinambur
30 g Butter
Pfeffer
1–2 Tl Curry
ca. 1 l Gemüsefond
2–3 Stiele feinblättrige Minze
4–8 Tl P.X.-Essig (siehe Info; ersatzweise alter Balsamessig)

**1.** Beluga-Linsen in leicht kochendes Wasser geben. Bei mittlerer Hitze ca. 20 Minuten leicht bissfest garen, kurz vor Ende der Garzeit mit Salz würzen. In einem Sieb abgießen, abschrecken und gut abtropfen lassen. Rote Linsen ebenso 8–10 Minuten bissfest garen, kurz vor dem Ende der Garzeit salzen. In einem Sieb abgießen, abschrecken und gut abtropfen lassen.

**2.** Zwiebeln fein würfeln. Möhren, Sellerie und Topinambur putzen, schälen und in ca. 1 cm große Würfel schneiden.

**3.** Butter in einem Topf zerlassen, Zwiebeln darin bei mittlerer Hitze 3–4 Minuten dünsten. Möhren, Sellerie und Topinambur dazugeben, weitere 3–4 Minuten dünsten, mit Salz und Pfeffer würzen. Curry zugeben, kurz dünsten und mit dem Fond auffüllen. Bei milder Hitze ca. 25 Minuten kochen lassen. Rote Linsen zugeben, ca. 2 Minuten mitgaren. 250 ml vom Eintopf in einem hohen Gefäß mit einem Schneidstab fein pürieren. Danach mit dem Püree den Eintopf binden.

**4.** Minzblätter abzupfen, beiseitestellen. Den Eintopf erhitzen, die Beluga-Linsen darin erwärmen. Den Linseneintopf in vorgewärmten Tellern mit den Minzblättern sofort servieren. Den Essig separat dazu servieren.

**Info** Pedro-Ximénez-Essig ist ein dickflüssiger Balsamessig, der, anders als Aceto balsamico, auf Sherry basiert und aus Andalusien stammt. Namensgeber ist die dort heimische Pedro-Ximénez-Traube. Ihr Most wird eingekocht und reift in Holzfässern über mehrere Jahre zu einem hochwertigen Essig. Mit dem feinen Süße-Säure-Verhältnis und einer ausgeprägten Sherry-Note erreicht P.X.-Essig Digestif-Qualität.

Pro Portion (bei 6 Portionen): 11 g E, 5 g F, 20 g KH = 178 kcal (743 kJ)

# Linseneintopf mit Wurzelgemüse

Für 8 Portionen
Zubereitungszeit: 1:25 Stunden

150 g Möhren
300 g Knollensellerie
150 g Topinambur
220 g Zwiebeln
2 Knoblauchzehen
3 El Olivenöl
10 g Butter
Salz
Pfeffer
60 g durchwachsener Speck (am Stück)
2 Lorbeerblätter
1,8–2 l Schinkenfond (ersatzweise Geflügel- oder Rinderfond)
500 g Berglinsen
4 Salsicce (italienische Fenchelwürste; à ca. 90 g)
2 Stiele glatte Petersilie
1–2 Zweige Rosmarin
2–3 El Weißweinessig

Außerdem: Olivenöl zum Beträufeln

**1.** Möhren, Sellerie und Topinambur putzen, schälen und in 1 cm große Würfel schneiden. Zwiebeln in feine Würfel, Knoblauch in feine Scheiben schneiden.

**2.** Öl und Butter in einem Topf erhitzen, Zwiebeln und Knoblauch darin bei mittlerer bis starker Hitze 2–3 Minuten braten. Möhren, Sellerie und Topinambur zugeben und unter Rühren 2–3 Minuten mitdünsten. Mit Salz und Pfeffer würzen. Speck, Lorbeer und Fond zugeben und zugedeckt einmal aufkochen. Linsen zugeben und zugedeckt bei milder Hitze 40–45 Minuten garen, bis die Linsen leicht Biss haben. Eventuell mit Salz und Pfeffer nachwürzen (siehe Tipp 1).

**3.** Salsicce in leicht kochendes Salzwasser geben und bei milder Hitze 5–6 Minuten sieden lassen (siehe Tipp 2). Petersilienblätter von den Stielen zupfen und fein schneiden. Rosmarinnadeln von den Zweigen zupfen und mittelfein hacken.

**4.** Vor dem Servieren Linseneintopf mit Essig abschmecken. Salsicce aus dem Wasser nehmen, in Scheiben schneiden und unter den Eintopf heben. Eintopf in vorgewärmte Teller geben, mit Petersilie und Rosmarin bestreuen und mit etwas Olivenöl beträufelt servieren.

**Tipp 1** Wegen des (salzigen) Specks beim Nachwürzen nicht zu viel Salz verwenden!

**Tipp 2** In einer Grillpfanne gebraten, entfalten die Salsicce ein kräftigeres Aroma. Gekocht sind die Würste weniger fettig.

Pro Portion: 25 g E, 22 g F, 30 g KH = 455 kcal (1909 kJ)

# Erbseneintopf mit Kasseler und Sellerie

Für 4–6 Portionen
Zubereitungszeit: 45 Minuten
Garzeit: 1:40 Stunden
Einweichzeit: über Nacht

200 g getrocknete gelbe Erbsen
300 g Schinkenknochen (beim Metzger vorbestellen)
1 Lorbeerblatt
180 g Möhren
350 g Knollensellerie
200 g Lauch
400 g vorwiegend festkochende Kartoffeln
500 g Kasseler (ohne Knochen; oder 700–800 g mit Knochen; siehe Tipp)
70 g durchwachsener Speck (in Scheiben)
3–4 Stiele krause Petersilie
12 Stiele Majoran
Salz
Pfeffer

**1.** Erbsen über Nacht in kaltem Wasser einweichen. Am Tag danach Erbsen abgießen, im Sieb abspülen und abtropfen lassen. 3 l kaltes Wasser mit Schinken- (oder Kasselerknochen; siehe Tipp) und Lorbeer aufkochen. Erbsen zugeben und mit halb geöffnetem Deckel 50–60 Minuten weich garen. Knochen mit der Schaumkelle herausheben. Erbsen in ein Sieb gießen, abtropfen lassen, den Erbsenfond dabei auffangen. Für die Einlage 150 g Erbsen beiseitestellen.

**2.** Inzwischen Möhren und Sellerie putzen, schälen und in kleine Würfel schneiden. Das Weiße und Hellgrüne vom Lauch längs halbieren, quer in 1–2 cm breite Stücke schneiden, waschen und abtropfen lassen. Kartoffeln schälen, in mundgerechte Stücke schneiden und in kaltes Wasser legen. Kasseler in 1–2 cm große Würfel schneiden. Speckscheiben quer dritteln. Die Petersilien- und Majoranblätter abzupfen und fein schneiden.

**3.** 1,2 l Erbsenfond im Topf aufkochen (restlichen Fond eventuell einfrieren), Kasseler zugeben und 20 Minuten bei milder Hitze kochen. Kartoffeln im Sieb abtropfen lassen, zugeben und weitere 8 Minuten garen. Möhren und Sellerie zugeben, weitere 5–6 Minuten garen. Erbsen und Lauch zugeben, weitere 5 Minuten garen, mit Salz und Pfeffer würzen. Das Gemüse soll nur leicht knackig garen. Ist der Eintopf zu dickflüssig, eventuell mit etwas zusätzlichem Erbsenfond verdünnen.

**4.** Speck in einer beschichteten Pfanne ohne Fett bei mittlerer Hitze rundum knusprig braten. Zum Binden 300 g Gemüse aus dem Eintopf im Rührbecher mit dem Schneidstab fein pürieren. Beiseitegestellte Erbsen und püriertes Gemüse in den Eintopf rühren, eventuell mit Salz und Pfeffer nachwürzen. Eintopf im Topf mit Speck, Majoran und Petersilie bestreut servieren.

**Tipp** Statt Schinkenknochen können Sie auch Kasseler mit Knochen verwenden, das Fleisch auslösen und den Knochen zusätzlich als Geschmacksgeber nutzen.

Pro Portion (bei 6 Portionen): 31 g E, 12 g F, 26 g KH = 352 kcal (1476 kJ)

# Pilze

# Pilz-Minestrone

Für 8 Portionen
Zubereitungszeit: 45 Minuten
Garzeit: 20 Minuten

100 g Lauch
200 g Zwiebeln
150 g Knollensellerie
150 g Möhren
750 g gemischte Pilze
1 kleine Dose weiße Bohnen (400 g)
100 g Pancetta
3 Knoblauchzehen
1 Bund Petersilie
8 Scheiben Ciabatta
60 g Parmesan
6 El Olivenöl
3 Lorbeerblätter
3 Stiele Thymian
1 Zweig Rosmarin
1 l Geflügelfond
2 El kalte Butter
Salz
Pfeffer
Cayennepfeffer
2 El Zitronensaft

Außerdem: Backpapier

**1.** Wurzelansatz vom Lauch entfernen, Stangen längs aufschlitzen und gründlich waschen. Lauch und Zwiebeln fein würfeln. Sellerie und Möhren schälen und in ca. 0,5 cm große Würfel schneiden. Pilze putzen und in mundgerechte Stücke schneiden. Bohnen im Sieb abspülen und abtropfen lassen. Pancetta in feine Würfel schneiden. Knoblauch andrücken. Petersilienblätter abzupfen und fein hacken.

**2.** Ciabatta-Scheiben auf ein mit Backpapier ausgelegtes Backblech geben und mit 2 Drittel des Käses bestreuen. Im vorgeheizten Backofen bei 220 Grad (Gas 3–4, Umluft 200 Grad) auf der mittleren Schiene 8–10 Minuten goldbraun überbacken.

**3.** Pancetta in einem breiten Topf knusprig ausbraten, herausnehmen und beiseitestellen. 3 El Öl in den Topf geben und Lauch, Zwiebeln, Sellerie, Möhren, Knoblauch, Lorbeer, Thymian und Rosmarin darin 7–8 Minuten bei mittlerer Hitze dünsten.

**4.** Das restliche Öl in einer großen beschichteten Pfanne erhitzen und die Pilze darin portionsweise goldbraun anbraten. Pilze, Pancetta und die Bohnen zum Gemüse geben. Mit Geflügelfond auffüllen, kurz aufkochen lassen und 8–10 Minuten bei milder Hitze garen. Kurz vor Ende der Garzeit Petersilie und Butter zugeben und mit Salz, Pfeffer, Cayennepfeffer und Zitronensaft abschmecken. Die Minestrone zusammen mit den Ciabatta-Scheiben und dem restlichen Käse bestreut servieren.

Pro Portion: 12 g E, 16 g F, 14 g KH = 250 kcal (1049 kJ)

# Waldpilzsuppe

vegetarisch

Für 4 Portionen
Zubereitungszeit: 45 Minuten

600 g gemischte Pilze (z. B. Steinpilze, Pfifferlinge, Rotkappen)
20 g frischer Ingwer
2 Knoblauchzehen
150 g Zwiebeln
25 g Butter
5 El trockener Sherry
800 ml Gemüsebrühe
200 ml Schlagsahne
Salz
Pfeffer
Zucker
3–4 El Limettensaft
1 Tl Szechuan-Pfeffer
6 Stiele Thai-Basilikum

**1.** Pilze sorgfältig putzen und klein schneiden. Den Ingwer schälen und grob hacken. Knoblauch und Zwiebeln fein würfeln.

**2.** Butter in einem Topf erhitzen. Knoblauch, Zwiebeln und Ingwer darin andünsten. Die Pilze zugeben und unter Rühren 8–10 Minuten garen. Sherry und Gemüsebrühe zugeben, aufkochen und 10 Minuten bei mittlerer Hitze kochen lassen. Die Sahne zugeben und im Küchenmixer portionsweise sehr fein pürieren. Mit Salz, Pfeffer, Zucker und Limettensaft abschmecken.

**3.** Szechuan-Pfeffer in einer Pfanne ohne Fett anrösten. Abkühlen lassen und im Mörser fein zerstoßen. Die Thai-Basilikum-Blätter von den Stielen zupfen. Die Suppe in vorgewärmte Schalen füllen und mit dem Szechuan-Pfeffer und den Thai-Basilikum-Blättern bestreut servieren.

Pro Portion: 8 g E, 22 g F, 7 g KH = 268 kcal (1122 kJ)

# Cremige Pilzsuppe

Für 4 Portionen
Zubereitungszeit: 30 Minuten
Garzeit: 20 Minuten

- 10 g getrocknete Steinpilze
- 4 Schalotten
- 150 g Petersilienwurzeln
- 100 g mehligkochende Kartoffeln
- 300 g gemischte Pilze (z. B. Champignons, Steinpilze, Pfifferlinge)
- 20 g Butter
- 50 ml trockener Wermut (z. B. Noilly Prat)
- 800 ml Pilzfond
- 1 Lorbeerblatt
- 10 Stiele Thymian
- 150 ml Schlagsahne
- Salz
- Pfeffer
- Piment d'Espelette (ersatzweise Cayennepfeffer)

**1.** Steinpilze in 100 ml Wasser 10 Minuten einweichen (Einweichwasser aufbewahren), Pilze ausdrücken, fein hacken. Schalotten würfeln. Petersilienwurzeln und Kartoffeln schälen, in dünne Scheiben schneiden. Pilze putzen, grob zerschneiden. Butter in einem Topf zerlassen, Schalotten darin glasig dünsten. Petersilienwurzeln, Kartoffeln und Pilze zugeben, anbraten, mit Wermut ablöschen. Kurz einkochen lassen, den Fond zugießen. Steinpilze mit Einweichwasser, Lorbeer und 6 Stielen Thymian in den Topf geben, zugedeckt 20 Minuten bei mittlerer Hitze kochen lassen.

**2.** Lorbeerblatt und Thymian entfernen. Die Suppe mit dem Schneidstab sehr fein pürieren.

**3.** Vom restlichen Thymian die Blättchen abzupfen und hacken. Sahne halb steif schlagen. 2 Drittel der Sahne in die Suppe geben, unterrühren. Mit Salz und Pfeffer abschmecken. Thymian unter die restliche Sahne ziehen. Suppe mit einem Klecks Thymiansahne und wenig Piment d'Espelette bestäubt servieren.

Pro Portion: 6 g E, 16 g F, 8 g KH = 214 kcal (900 kJ)

# Shiitake-Eintopf mit Hähnchen

**Für 4 Portionen**
Zubereitungszeit: 50 Minuten
Garzeit: 1:10 Stunden

5 getrocknete Shiitake-Pilze (ca. 20 g)
1 Poularde (ca. 1,4 kg)
70 ml Sojasauce
60 ml trockener Sherry
2–3 El Five-Spice-Pulver
4 Schalotten
3 Knoblauchzehen
20 g frischer Ingwer
2 Stangen Staudensellerie
800 g Auberginen
5 El Öl
Salz
1 Tl geröstetes Sesamöl
1 El Szechuan-Pfeffer
2 Sternanis
1 getrocknete Chilischote
2 El Chili-Bohnen-Sauce (Asia-Laden)
50 ml Austernsauce (Asia-Laden)
brauner Zucker
8 Kirschtomaten
80 g frische Shiitake-Pilze
2 Frühlingszwiebeln
1 Bund Koriandergrün
1–2 El Limettensaft

**1.** Getrocknete Pilze 30 Minuten in 1 l warmem Wasser einweichen. Poularde in 10 Teile schneiden, in einer Schale mit 20 ml Sojasauce, 20 ml Sherry und 1 El Five-Spice- Pulver mischen und 30 Minuten marinieren.

**2.** Inzwischen Schalotten und Knoblauch in feine Würfel, Ingwer schälen, in dünne Scheiben schneiden. Staudensellerie putzen, entfädeln und in ca. 5 mm breite Scheiben schneiden. Auberginen in ca. 2 cm große Würfel schneiden. 2 El Öl im Bräter sehr stark erhitzen, Auberginen darin 6–8 Minuten auf allen Seiten braten, herausnehmen und beiseitestellen. Pilze aus dem Wasser nehmen, ausdrücken, klein schneiden. Pilzwasser durch ein feines Sieb gießen und beiseitestellen.

**3.** 2 El Öl im Bräter stark erhitzen. Fleisch mit Salz würzen und im Öl auf allen Seiten scharf anbraten, herausnehmen und beiseitestellen. Restliches Öl und Sesamöl im Bräter erhitzen. Schalotten, Knoblauch, Ingwer und Sellerie darin glasig dünsten. Szechuan-Pfeffer, Sternanis und Chili zugeben und 1–2 Minuten mitdünsten. Eingeweichte Pilze, restliches Five-Spice-Pulver, Chili-Bohnen- und Austernsauce und 1–2 El Zucker zugeben, unter Rühren 1 Minute dünsten. Mit restlichem Sherry und restlicher Sojasauce ablöschen, mit Pilzwasser auffüllen. Fleisch zugeben, aufkochen und zugedeckt bei mittlerer Hitze 1 Stunde garen. Auberginen nach 20 Minuten zugeben.

**4.** Tomaten halbieren, Shiitake-Pilze putzen, Stiel entfernen, Kappen in ca. 1 cm dünne Scheiben schneiden. Tomaten und Pilze 20 Minuten vor Ende der Garzeit zum Eintopf geben und offen zu Ende garen. Frühlingszwiebeln putzen, waschen und das Weiße und Hellgrüne in feine Ringe schneiden. Koriander mit den zarten Stielen grob hacken. Eintopf mit Salz, Pfeffer und Limettensaft abschmecken, mit Koriander und Frühlingszwiebeln bestreut servieren.

Pro Portion: 56 g E, 39 g F, 22 g KH = 689 kcal (2883 kJ)

# Kürbis

# Kürbissuppe mit Roter Bete

Für 4 Portionen
Zubereitungszeit: 40 Minuten

**Suppe**
2 Zwiebeln
800 g Bio-Hokkaido-Kürbis
2 El Öl
100 ml Schlagsahne
Salz
Pfeffer
2–3 El milder Weißweinessig

**Rote Bete**
150 g Rote Bete
15 g Kürbiskerne
2 El Olivenöl
1 Zweig Rosmarin
1 El Zucker
Salz
Pfeffer

**1.** Für die Suppe Zwiebeln fein würfeln. Kürbis waschen, halbieren und die Kerne entfernen. Das Fruchtfleisch grob würfeln.

**2.** Öl in einem Topf erhitzen und die Zwiebeln darin glasig dünsten. Kürbis zufügen, kurz mitdünsten und 600 ml Wasser zugießen. Zugedeckt 15 Minuten bei mittlerer Hitze kochen lassen. Kürbis mit einem Schneidstab fein pürieren. Sahne zugießen, aufkochen und mit Salz, Pfeffer und Essig abschmecken.

**3.** Rote Bete schälen und in 5 mm große Würfel schneiden. Kürbiskerne grob hacken. Olivenöl in einer Pfanne erhitzen und die Rote Bete darin 5 Minuten anbraten. Kürbiskerne und Rosmarinzweig zufügen und 2 Minuten mitbraten. Zucker darüberstreuen und leicht karamellisieren lassen. Mit Salz und Pfeffer würzen. Die heiße Suppe mit der gebratenen Roten Bete servieren.

Pro Portion: 3 g E, 15 g F, 12 g KH = 200 kcal (837 kJ)

# Kürbis-Kartoffel-Eintopf

Für 4 Portionen
Zubereitungszeit: 30 Minuten
Garzeit: 40 Minuten

600 g Muskatkürbis (ersatzweise Butternut oder Hokkaido)
4 Zwiebeln
2 Knoblauchzehen
200 g Kräuterseitlinge
1 kleine Dose weiße Bohnen (340 g)
1 kleine Dose geschälte Tomaten (400 g)
4 Frühlingszwiebeln
500 g Kartoffeln
4 El Olivenöl
1 El Butter
100 ml Weißwein
4 Stiele Salbei
600 ml Gemüsefond
Salz
Pfeffer
Muskat
1 El flüssiger Honig
1 Bund Schnittlauch

**1.** Kürbis schälen, entkernen und in ca. 3 cm große Würfel schneiden. Zwiebeln fein würfeln, Knoblauchzehen andrücken. Kräuterseitlinge putzen und in mundgerechte Stücke schneiden. Bohnen in einem Sieb abspülen und abtropfen lassen. Tomaten grob zerkleinern und mit dem Saft in eine Schale geben. Frühlingszwiebeln putzen und in ca. 5 cm lange Stücke schneiden. Kartoffeln schälen und längs vierteln.

**2.** 2 El Olivenöl in einer Pfanne sehr stark erhitzen und die Kräuterseitlinge darin 2 Minuten von allen Seiten scharf anbraten. Aus der Pfanne nehmen. Butter und das restliche Olivenöl in einem schweren Bräter erhitzen. Kartoffeln darin 5–6 Minuten von allen Seiten andünsten. Zwiebeln und Knoblauch dazugeben und glasig dünsten. Mit Weißwein ablöschen und fast vollständig einkochen lassen. Tomaten, Bohnen, Kürbis, Salbei, Pilze und Frühlingszwiebeln zugeben. Mit Fond auffüllen und mit Salz, Pfeffer, Muskat und Honig würzen. Zugedeckt im vorgeheizten Backofen bei 200 Grad (Gas 3, Umluft 180 Grad) 35–40 Minuten auf der mittleren Schiene garen.

**3.** Schnittlauch in feine Röllchen schneiden. Den Eintopf nochmals mit Muskat abschmecken, mit Schnittlauch bestreuen und servieren.

**Pro Portion: 13 g E, 14 g F, 43 g KH = 363 kcal (1520 kJ)**

# Orangen-Kürbis-Suppe

Für 4-6 Portionen
Zubereitungszeit: 15 Minuten
Garzeit: 20 Minuten

3-4 Bio-Orangen
800 g Hokkaido-Kürbis
2 Schalotten
5 El Olivenöl
500 ml Gemüsefond
1 Knoblauchzehe
1 Msp. Chiliflocken
4 Scheiben Baguette
Salz
100 ml Schlagsahne
Pfeffer
1 Stiel Petersilie

**1.** Zwei Stücke Orangenschale dünn abschälen und ½ Tl Schale fein abreiben. Die Orangen auspressen.

**2.** Kürbis waschen, entkernen und grob zerkleinern. Schalotten grob würfeln. 1 El Öl in einem Topf erhitzen und die Schalotten darin glasig dünsten. 400 ml Orangensaft, abgeschälte Orangenschale, Gemüsefond und Kürbis zugeben und zugedeckt 15 Minuten schwach kochen lassen.

**3.** Knoblauch durchpressen und mit abgeriebener Orangenschale, Chiliflocken und restlichem Öl mischen. Baguette mit dem Würzöl bestreichen und auf ein Backblech legen. Unter dem vorgeheizten Backofengrill 2–3 Minuten goldbraun rösten. Mit Salz würzen.

**4.** Orangenschale aus der Suppe nehmen und die Suppe mit dem Schneidstab sehr fein pürieren. Sahne zugießen, aufkochen und mit Salz und Pfeffer würzen. Mit einem Petersilienblatt garnieren und mit dem gerösteten Baguette servieren.

**Tipp** Wenn Sie die Orangenschale abreiben, legen Sie zwischen Frucht und Reibe ein Stück Pergamentpapier: So bleibt die Schale am Papier haften und klebt nicht in der Reibe fest.

Pro Portion (bei 6 Portionen): 3 g E, 14 g F, 16 g KH = 207 kcal (867 KJ)

# Kürbiseintopf

Für 4–6 Portionen
Zubereitungszeit: 40 Minuten
Garzeit: 30 Minuten

180 g Staudensellerie
180 g Lauch
180 g Möhren
200 g Zwiebeln
2 Knoblauchzehen
300 g grüne Bohnen
500 g Butternut-Kürbis
500 g Hokkaido-Kürbis
1 kleine Dose Kichererbsen (250 g)
2 Zweige Rosmarin
5 El Olivenöl
200 g Schmand
Salz
Pfeffer
1,5 l Gemüsefond
1 Bund Bohnenkraut
3–4 El Apfelessig
1–2 El Honig

**1.** Staudensellerie waschen, putzen, entfädeln und sehr fein würfeln. Lauch waschen, das Weiße und Hellgrüne sehr fein würfeln. Möhren schälen und fein würfeln. Zwiebeln und Knoblauch fein würfeln. Bohnen putzen. Butternut-Kürbis schälen, Hokkaido-Kürbis sorgfältig waschen, beide Kürbisse mit einem Löffel entkernen und das Fruchtfleisch in ca. 2 cm große Würfel schneiden. Kichererbsen im Sieb abspülen und abtropfen lassen.

**2.** Rosmarinnadeln abzupfen und fein hacken. 1 El Öl in einer beschichteten Pfanne erhitzen, Rosmarin darin 2–3 Minuten andünsten. Abkühlen lassen, mit dem Schmand verrühren und mit Salz und Pfeffer würzen. Abgedeckt kalt stellen.

**3.** 2 El Öl in einem großen Topf erhitzen. Kürbiswürfel darin scharf braun anbraten und aus dem Topf nehmen. Restliches Öl in den Topf geben und Zwiebeln darin dünsten. Möhren zugeben und 1–2 Minuten mitdünsten. Knoblauch, Sellerie und Lauch zugeben und weich dünsten. Gemüsefond in einem kleinen Topf erhitzen. Bohnenkraut waschen und trocken tupfen.

**4.** Kürbis zurück in den Topf geben und kurz mitdünsten. Mit Essig ablöschen und mit Salz, Pfeffer und Honig würzen und mit heißem Gemüsefond auffüllen. Kichererbsen und 3 Stiele Bohnenkraut zugeben und offen 25 Minuten garen. Inzwischen die Bohnen in kochendem Salzwasser 5 Minuten garen. In einem Sieb abgießen, abschrecken und abtropfen lassen.

**5.** Restliche Bohnenkrautblätter von den Stielen zupfen und grob schneiden. Bohnen kurz vor Ende der Garzeit in den Eintopf geben, erneut mit Salz und Pfeffer abschmecken. Eintopf mit Bohnenkraut bestreuen und mit Rosmarinschmand servieren.

Pro Portion (bei 6 Portionen): 9 g E, 18 g F, 32 g KH = 338 kcal (1410 kJ)

# Kürbis-Apfel-Suppe

Für 4–8 Portionen
Zubereitungszeit: 40 Minuten
Ziehzeit: 30 Minuten
Garzeit: ca. 30 Minuten

**Topping und Croûtons**
200 g Rote Bete
2 Stiele Thymian
Zucker
Salz
Pfeffer
1 El Weißweinessig
1 El Olivenöl
2 Scheiben Toastbrot
20 g frischer Ingwer
20 g Butter
4 Stiele Kerbel

**Suppe**
150 g Zwiebeln
800 g Hokkaido-Kürbis
2 El Öl
½ Tl Currypulver
400 ml Gemüsefond
Salz
Pfeffer
1 säuerlicher Apfel (z. B. Granny Smith)
150 ml Schlagsahne
3–4 El Zitronensaft

**1.** Für das Topping die Rote Bete schälen, in dünne Scheiben hobeln (oder schneiden) und in sehr feine Streifen schneiden. Thymianblätter von den Stielen streifen und fein schneiden. Rote Bete und Thymian in einer Schale mit 1 Tl Zucker, etwas Salz, Pfeffer, Essig und Olivenöl mischen. Mit den Fingern durchkneten (unbedingt mit Einweghandschuhen arbeiten!), sodass die Rote-Bete-Streifen weich werden. 30 Minuten ziehen lassen.

**2.** Für die Suppe Zwiebeln in feine Streifen schneiden. Kürbis waschen, halbieren und entkernen. Kürbis in 2–3 cm große Stücke schneiden. Öl in einem Topf erhitzen, Zwiebeln darin glasig dünsten. Currypulver zugeben und kurz andünsten. Kürbis zugeben und mit Gemüsefond und 500 ml Wasser auffüllen. Leicht mit Salz und Pfeffer würzen und zugedeckt bei mittlerer Hitze 20 Minuten kochen. Apfel schälen, vierteln, entkernen und grob in Stücke schneiden. Nach 10 Minuten der Garzeit die Apfelstücke in die Suppe geben.

**3.** Inzwischen für die Ingwer-Croûtons das Toastbrot entrinden und in ca. 5 mm große Würfel schneiden. Ingwer schälen und in sehr feine Würfel schneiden. Butter in einer kleinen Pfanne erhitzen, Brotwürfel darin bei mittlerer Hitze in 3–5 Minuten goldbraun rösten. Nach 2 Minuten Ingwer zugeben. Croûtons auf Küchenpapier abtropfen lassen.

**4.** Kerbelblätter vom Stiel zupfen. Sahne in die Suppe geben, kurz aufkochen lassen und mit dem Schneidstab sehr fein pürieren, mit Salz und Zitronensaft abschmecken. Suppe in tiefe Teller oder Suppentassen füllen und mit Rote-Bete-Streifen, Ingwer-Croûtons und Kerbel anrichten. Suppe sofort servieren.

Pro Portion (bei 8 Portionen): 3 g E, 12 g F, 26 g KH = 236 kcal (992 kJ)

# Eintopf mit Kürbis und Weißkohl

Für 4 Portionen
Zubereitungszeit: 35 Minuten
Garzeit: 1 Stunde

500 g Weißkohl
700 g Hokkaido-Kürbis
1 Gemüsezwiebel (ca. 300 g)
1 El Kümmelsaat
30 g Kürbiskerne
400 g festkochende Kartoffeln
30 g Butter
50 g grober Senf
300 ml Schlagsahne
Salz
Pfeffer
4 El Kürbiskernöl

**1.** Weißkohl putzen, äußere Blätter entfernen. Kohl quer in 1,5 cm dicke Scheiben schneiden, die Scheiben dabei möglichst ganz lassen. Kürbis putzen und die Kerne mit einem Löffel entfernen. Kürbis quer in 10–12 Spalten schneiden. Zwiebel in feine Streifen schneiden. Kümmelsaat in einer beschichteten Pfanne ohne Fett rösten, bis sie duftet. Kürbiskerne in derselben Pfanne so lange rösten, bis sie knacken und leicht geröstet sind, danach in einem Mörser leicht andrücken. Kartoffeln schälen und in feine Scheiben schneiden oder hobeln.

**2.** Butter in einem gusseisernen Topf zerlassen. 50 g Kartoffeln mit den Zwiebeln darin bei mittlerer Hitze 3–4 Minuten dünsten. Kümmel und Senf unterrühren. Mit Sahne und 350 ml Wasser auffüllen und einmal aufkochen, mit Salz und Pfeffer würzen. Kürbis und Weißkohl schichtweise in den Topf legen, mit Salz und Pfeffer würzen. Restliche Kartoffelscheiben dicht nebeneinander auf das Gemüse legen, mit Salz würzen. Eintopf zugedeckt im vorgeheizten Backofen bei 200 Grad (Gas 3, Umluft 45–50 Minuten bei 180 Grad) auf der 2. Schiene von unten 55 Minuten garen. Eintopf mit einigen Kürbiskernen bestreut servieren. Restliche Kürbiskerne und Kürbiskernöl dazu servieren.

Pro Portion: 11 g E, 43 g F, 27 g KH = 555 kcal (2330 kJ)

# Kürbis-Koriander-Suppe

Für 4 Portionen
Zubereitungszeit: 40 Minuten

1 kleiner Butternut-Kürbis (ca. 1 kg)
1 Zwiebel
15 g frischer Ingwer
3 Tl Koriandersaat
6 El Öl
½ Tl mildes Currypulver
1 l Geflügelfond
Salz
20 g Pistazienkerne
1 kleines Bund Koriandergrün
1 Tl fein abgeriebene Bio-Orangenschale
8 Riesengarnelen (ohne Schale, à ca. 20 g)
Pfeffer

**1.** Kürbis halbieren, entkernen, schälen und in 2–3 cm große Stücke schneiden. Zwiebel in grobe, Ingwer in feine Würfel schneiden. Koriandersaat im Mörser fein zerstoßen.

**2.** 3 El Öl in einem Topf erhitzen, Zwiebel darin glasig dünsten. Curry und Koriandersaat zugeben, kurz andünsten. Kürbis zugeben, mit Fond auffüllen, aufkochen, leicht mit Salz würzen und abgedeckt bei mittlerer Hitze 20 Minuten kochen.

**3.** Inzwischen für die Gremolata Pistazien mittelfein hacken. Koriandergrün mit den zarten Stielen fein schneiden. Pistazien und Koriandergrün mit der Orangenschale mischen.

**4.** Garnelen bis zur Schwanzspitze halbieren, dabei nicht durchschneiden, und putzen. Ingwer zur Suppe geben. Suppe mit dem Schneidstab sehr fein pürieren, mit Salz und Pfeffer abschmecken und warm stellen. Garnelen im restlichen Öl auf jeder Seite 1–2 Minuten braten, leicht mit Salz würzen und in die Suppe geben. Mit der Pistazien-Gremolata servieren.

Pro Portion: 15 g E, 19 g F, 15 g KH = 310 kcal (1305 kJ)

# Fleisch & Wild

# Rinder-Kartoffel-Eintopf mit Granatapfel

Für 4-6 Portionen
Zubereitungszeit: 30 Minuten
Garzeit: 4 Stunden

1,5 kg Rinderschulter (schieres Fleisch)
500 g Zwiebeln
4 Knoblauchzehen
300 g Rinderknochen
3 El Olivenöl
Salz
Pfeffer
500 g Wurzelspinat
500 g festkochende Kartoffeln
80 g Tomatenmark
2 El Garam Masala (indische Gewürzmischung; Asia-Laden)
1 Tl Kurkuma
2 El Rosinen
1 kleine Zimtstange
4 Kardamomkapseln (angedrückt)
1 kleiner Granatapfel
1 Handvoll Staudenselleriegrün
1-2 Tl Honig

**1.** Fleisch von Fett und Sehnen befreien, in ca. 4 cm große Würfel schneiden, kalt abspülen und abtropfen lassen. Zwiebeln und Knoblauch grob in Würfel schneiden und mit Fleisch, Knochen, 200 ml Wasser und Olivenöl in einen Bräter geben. Mit Salz und Pfeffer würzen und im vorgeheizten Backofen bei 160 Grad (Gas 1–2, Umluft 145 Grad) auf der untersten Schiene 2 Stunden zugedeckt garen.

**2.** Inzwischen Spinat putzen (die Stiele unbedingt mitverwenden!), waschen und abtropfen lassen. Kartoffeln schälen und je nach Größe halbieren oder vierteln. Kartoffeln in kochendem Salzwasser 5 Minuten garen, in einem Sieb abgießen, abschrecken und abtropfen lassen. Nach Ende der Garzeit Tomatenmark, Garam Masala, Kurkuma, Rosinen, Zimt, Kardamomkapseln, Kartoffeln und Spinat unter das Fleisch mischen. Eintopf weitere 2 Stunden zugedeckt im Backofen wie oben garen.

**3.** Inzwischen Granatapfelkerne auslösen. Selleriegrün in feine Streifen schneiden. Knochen aus dem Eintopf entfernen. Eintopf mit Salz, Pfeffer und Honig abschmecken und mit Selleriegrün und Granatapfelkernen bestreut servieren.

Pro Portion (bei 6 Portionen): 54 g E, 27 g F, 23 g KH = 567 kcal (2381 kJ)

# Steckrübeneintopf mit Lamm

Für 4-6 Portionen
Zubereitungszeit: 40 Minuten
Garzeit: 1:45 Stunden

1 Zwiebel (ca. 100 g)
800 g Lammfleisch (aus der Keule)
2 Lorbeerblätter
300 g Lammknochen (vom Metzger in ca. 4 cm große Stücke geteilt)
Salz
400 g Steckrübe
400 g Wirsing
2 El Butterschmalz
1 Tomate (ca. 100 g)
1 Stange Lauch
2 Stangen Staudensellerie
2 Stiele Thymian
2 Streifen Bio-Zitronenschale
1-2 El flüssiger Honig
1-2 El Weißweinessig
100 g Perlgraupen
1 El Butter
20 g Panko-Brösel (Asia-Laden)
2 Stiele Salbei
5 Stiele Petersilie
Pfeffer

**1.** Zwiebel halbieren und in einer Pfanne ohne Fett auf den Schnittflächen goldgelb rösten. Lammfleisch von Fett und Sehnen befreien, Fleisch in ca. 3 cm große Würfel schneiden. Fleisch, Zwiebel, Lorbeer, Knochen, 1 El Salz und 1,5 l kaltes Wasser in einen Topf geben, aufkochen und bei milder Hitze zugedeckt 45 Minuten garen.

**2.** Inzwischen Steckrübe schälen und in ca. 2 cm große Würfel schneiden. Wirsing putzen und in ca. 2 cm breite Spalten schneiden. Butterschmalz in einer Pfanne erhitzen und den Kohl darin auf den Schnittflächen bei starker Hitze 3–4 Minuten rösten. Aus der Pfanne nehmen und beiseitestellen. Tomate grob in Würfel schneiden. Lauch putzen, waschen und das Weiße und Hellgrüne in dünne Scheiben schneiden. Sellerie putzen, entfädeln und in ca. 5 mm dicke Scheiben schneiden.

**3.** Steckrübe und Wirsing zum Eintopf geben und 1 weitere Stunde garen. Nach 30 Minuten Tomate, Sellerie, Lauch, Thymian, Zitronenschale, Honig und Essig zugeben. Graupen nach Packungsanweisung in Salzwasser bissfest garen, im Sieb abgießen, abschrecken, abtropfen lassen und 10 Minuten vor Ende der Garzeit in den Eintopf geben.

**4.** Butter erhitzen, Panko-Brösel darin goldgelb rösten. Auf Küchenpapier abtropfen lassen. Salbei- und Petersilienblätter von den Stielen zupfen, fein hacken und mit den Bröseln mischen, mit Salz und Pfeffer würzen. Eintopf mit Salz und Pfeffer abschmecken. Knochen, Zwiebel und Thymianstiele entfernen. Eintopf mit Bröseln servieren.

Pro Portion (bei 6 Portionen): 29 g E, 29 g F, 22 g KH = 480 kcal (2012 kJ)

# Rote-Bete-Eintopf mit Hackfleisch und Dill

Für 4–6 Portionen
Zubereitungszeit: 1:30 Stunden

2 Zwiebeln
1 Knoblauchzehe
500 g junge Rote Bete mit Grün
1 Kohlrabi
500 g festkochende Kartoffeln
1 El Butter
2 El Olivenöl
1 El Kümmelsaat
Zucker
3–4 El Apfelessig
1,2 l Rinderfond (heiß)
2 Lorbeerblätter
Salz
Pfeffer
400 g Rinderhackfleisch
150 g kleine Muschelnudeln
1 Römersalatherz
1 Bund Dill
150 g Saure Sahne

**1.** Zwiebeln und Knoblauch in feine Würfel schneiden. Rote Bete und Kohlrabi schälen und in Spalten schneiden (mit Küchenhandschuhen arbeiten!), Rote-Bete-Grün abgedeckt beiseitelegen. Kartoffeln schälen und vierteln.

**2.** Butter und Olivenöl in einem Topf erhitzen. Zwiebeln und Knoblauch darin glasig dünsten. Kümmel und 1 El Zucker zugeben und 1 Minute unter Rühren dünsten. Rote Bete, Kohlrabi und Kartoffeln zugeben und 1–2 Minuten mitdünsten. Mit Essig ablöschen und mit Rinderfond auffüllen. Lorbeer zugeben, mit Salz und Pfeffer würzen und zugedeckt 35 Minuten bei mittlerer Hitze garen.

**3.** Hackfleisch zerbröseln, unter Rühren zum Eintopf geben und weitere 15 Minuten garen.

**4.** Nudeln in reichlich kochendem Salzwasser nach Packungsanweisung bissfest garen. Römersalat putzen, waschen und in feine Streifen schneiden. Dillspitzen mit den zarten Stielen grob hacken. Saure Sahne mit Salz und Pfeffer verrühren. Eintopf mit Salz, Pfeffer und Zucker abschmecken. Nudeln, Dill, Rote-Bete-Grün und Römersalat unterheben. Eintopf mit der Sauren Sahne servieren.

Pro Portion (bei 6 Portionen): 22 g E, 20 g F, 42 g KH = 451 kcal (1894 kJ)

# Cocido Madrileño (Madrider Eintopf)

Für 6-8 Portionen
Zubereitungszeit: 1 Stunde
Garzeit: 2 Stunden
Einweichzeit: über Nacht

300 g getrocknete Kichererbsen
500 g Kalbsbeinscheibe
500 g Suppenfleisch (vom Rind)
500 g Schweinebauch
2 Zwiebeln
3 Lorbeerblätter
Salz
2 Hähnchenkeulen (à 250 g)
150 g Serrano-Schinken (am Stück)
400 g Möhren
400 g festkochende Kartoffeln
½ Weißkohl (ca. 500 g)
400 g Chorizo (spanische Paprikawurst)
250 g feine kurze Fadennudeln
Pfeffer
2 Knoblauchzehen
8 El Olivenöl
1-2 El rosenscharfes Paprikapulver
¼ Bund Schnittlauch

Außerdem: Mulltuch, Alufolie

**1.** Kichererbsen über Nacht in reichlich Wasser einweichen.

**2.** Am nächsten Tag Kalbsbeinscheibe, Suppenfleisch und Schweinebauch heiß abspülen und in einen sehr großen Topf geben. Zwiebeln halbieren und mit Lorbeer in den Topf geben. Mit 3 l kaltem Wasser auffüllen und aufkochen. 1 Stunde bei milder Hitze kochen, dabei immer wieder abschäumen, dann mit Salz würzen.

**3.** Kichererbsen abgießen und mit Hähnchenkeulen und Schinken in den Topf geben. Weitere 30 Minuten garen. Möhren und Kartoffeln schälen. Kohl in dicke Spalten schneiden. Gemüse und Chorizo in den Topf geben und 30 Minuten garen lassen.

**4.** Kohl, Kartoffeln und Möhren in eine Schüssel geben, Fleisch in eine zweite Schüssel geben. Gemüse und Fleisch mit je 2 Kellen Fond begießen und mit Alufolie abdecken. Im vorgeheizten Backofen auf der 2. Schiene von unten bei 80 Grad (Gas 1, Umluft nicht empfehlenswert) bis zum Servieren warm halten.

**5.** Kichererbsen mit einer Schaumkelle aus dem Fond nehmen. Fond durch ein mit einem Mulltuch ausgelegtes Sieb in einen Topf gießen und aufkochen. Kichererbsen in einen Topf geben, mit wenig Fond begießen, warm halten. Restlichen Fond aufkochen und die Nudeln darin bissfest garen. Mit Salz und Pfeffer würzen.

**6.** Knoblauch fein würfeln. Möhren und Kartoffeln in grobe Stücke schneiden. 3 El Öl in einer großen Pfanne erhitzen, Knoblauch darin andünsten. Gemüse zugeben, erhitzen, mit Salz und Pfeffer würzen. Restliches Öl in einem kleinen Topf erhitzen, Paprikapulver kurz darin anrösten und über das Fleisch gießen. Schnittlauch in feine Röllchen schneiden und über die Suppe streuen. Alles zusammen servieren.

**Tipp** Ganz klassisch wird zuerst die Suppe mit den Nudeln serviert, danach das Gemüse und die Kichererbsen und ganz zum Schluss das Fleisch mit Weißbrot. Es ist jedoch keine Schande, alles zusammen zu essen

Pro Portion (bei 8 Portionen): 62 g E, 60 g F, 50 g KH = 1000 kcal (4187 kJ)

# Cajun-Eintopf mit Hirsch und Okra

Für 4-6 Portionen
Zubereitungszeit: 45 Minuten
Garzeit: 1:30 Stunden

½ Tl gemahlener Kreuzkümmel
1 El getrockneter Oregano
1 El getrockneter Thymian
2 El edelsüßes Paprikapulver
1 Tl Cayennepfeffer
½ Tl gemahlener Piment
Salz
schwarzer Pfeffer
800 g Hirschfleisch (aus der Oberschale)
3 Zwiebeln
2 Knoblauchzehen
2 Stangen Staudensellerie
2 rote Spitzpaprika
2 grüne türkische Paprikaschoten
2 Cabanossi
5 El Olivenöl
2 El Mehl
1 El brauner Zucker
1 Lorbeerblatt
1 Dose Tomaten (450 g; zerpflückt)
1,6 l Wildfond
200 g Okraschoten
8 Riesengarnelen (ohne Kopf und Schale)
8 Stiele Koriandergrün
1-2 El Limettensaft
1-2 Tl Worcestershiresauce

**1.** Kreuzkümmel, Oregano, Thymian, Paprika, Cayenne, Piment, 1 Tl Salz und 1 El Pfeffer mischen. Fleisch von Sehnen befreien, in ca. 3 cm große Würfel schneiden und mit der Gewürzmischung in einer Schale mischen.

**2.** Zwiebeln und Knoblauch in feine Würfel schneiden. Sellerie putzen, entfädeln und in ca. 1 cm dicke Stücke schneiden. Rote und grüne Paprika putzen, waschen und in ca. 1 cm breite Ringe schneiden. Cabanossi in ca. 2 cm breite Stücke schneiden.

**3.** 3 El Olivenöl in einem Bräter erhitzen. Fleisch mit dem Mehl bestäuben, im Öl portionsweise auf allen Seiten scharf anbraten, herausnehmen und beiseitestellen. Restliches Öl in den Bräter geben und erhitzen. Zwiebeln und Knoblauch darin glasig dünsten. Paprika und Sellerie zugeben, kurz mitdünsten. Zucker, Lorbeer, Tomaten mit Saft, Cabanossi und Fleisch zugeben. Mit Fond auffüllen, aufkochen und zugedeckt bei mittlerer Hitze 1:30 Stunden garen.

**4.** Okraschoten waschen, Stielansätze abschneiden. Garnelen kalt abspülen und trocken tupfen. Koriander mit den zarten Stielen grob hacken. Okra und Garnelen 10 Minuten vor Ende der Garzeit zugeben. Eintopf mit Salz, Limettensaft und Worcestershiresauce abschmecken, mit Koriander bestreut servieren.

Pro Portion (bei 6 Portionen): 44 g E, 28 g F, 15 g KH = 508 kcal (2130 kJ)

# Japanischer Kartoffel-Fleisch-Topf (Nikujaga)

Für 4 Portionen
Zubereitungszeit: 35 Minuten
Garzeit: 35 Minuten

8 g Kombu-Algen (Asia-Laden)
15 g Bonito-Flocken (Asia-Laden)
200 g Zwiebeln
400 g Kartoffeln
200 g Möhren
300 g Pastinaken
100 g TK-Erbsen
Salz
2 Frühlingszwiebeln
600 g Rinderhüfte
6 El neutrales Öl
Pfeffer
2 El Sojasauce
2 El Mirin (Reiswein; Asia-Laden)

**1.** Für den Dashi (Fischsud) Kombu-Algen mit 1,5 l Wasser in einem Topf aufkochen und durch ein Sieb in einen Topf gießen. Bonito-Flocken zugeben, bis zum Siedepunkt erhitzen und bei milder Hitze 10 Minuten ziehen lassen. Erneut durch ein feines Sieb gießen und in einem Topf auffangen.

**2.** Zwiebeln achteln. Kartoffeln schälen, in mundgerechte Stücke schneiden und in kaltes Wasser legen. Möhren putzen, schälen, längs vierteln und in 2 cm lange Stücke schneiden. Pastinaken putzen, schälen und in 3–4 cm lange Stifte schneiden. Erbsen in kochendem Salzwasser blanchieren, in ein Sieb gießen, abschrecken und abtropfen lassen. Frühlingszwiebeln putzen, waschen und das Weiße und Hellgrüne schräg in feine Ringe schneiden. Feucht abgedeckt kalt stellen.

**3.** Dashi einmal aufkochen, Zwiebeln, Kartoffeln, Möhren und Pastinaken in den leicht siedenden Fond geben, Hitze reduzieren und zugedeckt 20–25 Minuten garen. Nach 10–15 Minuten 200 g Rinderhüfte zugeben. Eventuell Trübstoffe an der Oberfläche mit der Schaumkelle abschöpfen.

**4.** Restliches Fleisch in dünne mundgerechte Scheiben schneiden. Je 2 El Öl in einer breiten Pfanne erhitzen, Fleisch darin in 2–3 Portionen bei starker Hitze höchstens 30 Sekunden anbraten, wenden und kurz weiterbraten, mit Salz und Pfeffer würzen. Das Fleisch muss noch blutig sein, da es im Dashi weitergart!

**5.** Gekochtes Fleisch aus dem Fond nehmen und in mundgerechte Stücke schneiden. Gekochtes und gebratenes Fleisch mit Erbsen, Frühlingszwiebeln, Sojasauce und Mirin in den Eintopf geben und unterrühren. Sofort servieren.

Pro Portion: 28 g E, 22 g F, 31 g KH = 488 kcal (2038 kJ)

# Fisch & Meeresfrüchte

# Muscheleintopf mit Seelachs

Für 4 Portionen
Zubereitungszeit: 50 Minuten

**Eintopf**
1 kg Miesmuscheln
150 g Lauch
200 g Kartoffeln
150 g Fenchelknolle
1 Zwiebel
5 El Öl
1 Knoblauchzehe
100 ml Gemüsefond
50 ml Wermut (z. B. Noilly Prat)
250 ml Schlagsahne
2 Pimentkörner (angedrückt)
1 Sternanis
Pfeffer
4 Stücke Seelachsfilet (à 80 g)
Salz
2 Streifen dünn abgeschnittene
  Bio-Zitronenschale

**Avocadocreme**
1 reife Avocado
½ rote Chilischote
½ Bund Schnittlauch
½ Bund Koriandergrün
2 Tl Zitronensaft
Salz

**1.** Muscheln putzen, waschen und abtropfen lassen, dabei beschädigte oder geöffnete Muscheln wegwerfen. Lauch putzen, waschen und das Weiße und Hellgrüne in 5 mm dicke Ringe schneiden. Kartoffeln schälen und klein würfeln. Fenchel putzen und in feine Streifen scheiden. Zwiebel fein würfeln.

**2.** 3 El Öl in einem großen Topf erhitzen. Knoblauch andrücken. Muscheln zugeben, mit Gemüsefond ablöschen und 5 Minuten zugedeckt kochen lassen, bis sich die Muscheln geöffnet haben. Geschlossene Muscheln aussortieren und wegwerfen. Aus der Muscheln das Fleisch auslösen und in den Muschelfond legen.

**3.** Restliches Öl in einem großen Topf erhitzen, Kartoffeln, Fenchel und Zwiebel darin glasig andünsten. Mit Wermut ablöschen und mit Sahne und Muschelfond auffüllen. Piment und Sternanis zugeben und mit Pfeffer würzen. Offen in 10–15 Minuten sämig einkochen (der Sud braucht kein Salz mehr, weil er durch den Muschelfond schon gut gesalzen ist!).

**4.** Avocado halbieren, Kern entfernen und das Fruchtfleisch herauslösen. Chili in feine Ringe, Schnittlauch in feine Röllchen schneiden, Korianderblätter grob hacken. Avocado, Zitronensaft, Chili, Kräuter und Salz mit einer Gabel grob zerdrücken.

**5.** Seelachsfilets mit Salz und Pfeffer würzen. Mit Lauch und Zitronenschale in den Kartoffel-Muschel-Sud legen und abgedeckt 6–8 Minuten gar ziehen lassen. Nach der Hälfte der Zeit ausgelöste Muscheln und Muscheln in der Schale darauf verteilen und erwärmen. Muscheleintopf mit der Avocadocreme sofort servieren. Dazu passt Baguette.

Pro Portion: 27 g E, 36 g F, 17 g KH = 513 kcal (2150 kJ)

# Räuchermakrelensuppe

Für 4 Portionen
Zubereitungszeit: 40 Minuten

1 Räuchermakrele (ca. 400 g)
1 l Geflügelfond
1 Bund Kerbel
1 Bund Dill
120 g Zwiebeln
150 g Kartoffeln
2 El Butter
100 ml trockener Weißwein
2 El grober Senf
150 ml Schlagsahne
2 Scheiben Schwarzbrot
Salz
Pfeffer
Zucker

**1.** Räuchermakrele auslösen. Kopf, Gräten, Haut und 1 Drittel der Filets mit dem Geflügelfond in einen Topf geben und 15 Minuten bei milder Hitze kochen lassen. ½ Bund Kerbel und ½ Bund Dill 3 Minuten vor Ende der Garzeit zugeben. Fond durch ein feines Sieb gießen.

**2.** Inzwischen Zwiebeln fein würfeln. Kartoffeln schälen und fein würfeln. 1 El Butter in einem Topf erhitzen. Zwiebeln und Kartoffeln darin ca. 10 Minuten weich dünsten. Mit Weißwein auffüllen und fast vollständig verkochen lassen. Senf und Makrelenfond zugeben, aufkochen und 5 Minuten bei milder Hitze kochen lassen.

**3.** Inzwischen Schlagsahne steif schlagen, Blätter von ½ Bund Kerbel und die Spitzen von ½ Bund Dill abzupfen und grob hacken. Schwarzbrot in ca. 1 cm große Würfel schneiden. Restliche Butter in einer Pfanne erhitzen und die Brotwürfel darin knusprig braten. Croûtons auf Küchenpapier abtropfen lassen.

**4.** Die Suppe mit dem Schneidstab sehr fein pürieren. Geschlagene Sahne unterheben und mit Salz, Pfeffer und 1 Prise Zucker würzen. Makrelenstücke und Kräuter in die Suppe geben, Suppe mit Croûtons bestreut sofort servieren.

Pro Portion: 12 g E, 31 g F, 19 g KH = 421 kcal (1763 kJ)

# Fisch-Pot-au-feu mit Garnelen und Safran

Für 6 Portionen
Zubereitungszeit: 30 Minuten
Garzeit: 50 Minuten

**Fischfond**
800 g Karkassen von hellem Fisch (beim Fischhändler vorbestellen)
150 g Möhren
1 Fenchelknolle (ca. 400 g)
200 g Staudensellerie
1 Stange Lauch (ca. 130 g)
150 g Strauchtomaten
4 El Olivenöl
1 Lorbeerblatt
100 ml Wermut (z.B. Noilly Prat)
100 ml Weißwein
Salz

**Einlage**
300 g vorwiegend festkochende Kartoffeln
100 g Queller (Meeresspargel; beim Fischhändler)
12 rote Kirschtomaten
je 200 g Lachs-, Kabeljau und Dorschfilet (jeweils ohne Haut und Gräten)
½ Tl Safranfäden
8–10 Garnelen (à ca. 30 g; mit Schale, ohne Kopf)
2 El Olivenöl
Salz
Pfeffer

**1.** Für den Fond Karkassen in einer Schüssel mit Siebeinsatz unter fließend kaltem Wasser sehr gründlich abspülen, das Wasser öfter erneuern. Möhren schälen. Fenchelgrün abschneiden und in wenig kaltes Wasser legen. Sellerie putzen und entfädeln, helle Blätter abschneiden und in kaltes Wasser legen. Lauch putzen, waschen und das Weiße und Hellgrüne grob in Stücke schneiden. Die Hälfte von Möhren, Fenchel und Sellerie grob in Stücke schneiden. Tomaten waschen, Stielansätze herausschneiden, Tomaten grob in Stücke schneiden.

**2.** Öl in einem Topf erhitzen. Karkassen und grob geschnittenes Gemüse bei mittlerer Hitze 2 Minuten darin dünsten. Tomaten zugeben und unter Rühren kurz mitdünsten. Lorbeer, Wermut und Weißwein zugeben und bei mittlerer Hitze auf die Hälfte einkochen. Mit 2 l kaltem Wasser auffüllen. Bei milder Hitze erneut leicht aufkochen, Hitze reduzieren und 40 Minuten bei milder Hitze leicht sieden (nicht kochen!) lassen. Fischfond vorsichtig durch ein mit einem Küchentuch ausgelegtes feines Sieb in einen Topf gießen (ergibt ca. 1,6 l), abtropfen lassen. Mit Salz würzen.

**3.** Für die Einlage das restliche Gemüse (vom Fischfond) schräg in 1–2 cm große Stücke schneiden und feucht abgedeckt beiseitestellen. Kartoffeln schälen, in 1–2 cm große Stücke schneiden und in kaltem Wasser beiseitestellen. Queller waschen, gut abtropfen lassen und grob schneiden. Kirschtomaten putzen, vierteln, entkernen und auf Küchenpapier abtropfen lassen.

**4.** Fisch in 3 cm große Würfel schneiden. Fond aufkochen, Gemüse und abgetropfte Kartoffeln zugeben und im leicht siedenden Fond zugedeckt 10–12 Minuten garen. 100 ml heißen Fischfond in eine Schale geben, Safranfäden darin einweichen. Safranfond zur Fischsuppe geben.

**5.** Garnelen putzen, schälen, entdarmen und grob in Stücke schneiden. Öl in einer beschichteten Pfanne erhitzen, Garnelen und Queller darin bei mittlerer Hitze 2–3 Minuten unter Schwenken braten, mit Salz und Pfeffer würzen. Tomaten zugeben und beiseitestellen.

**6.** Sellerie- und Fenchelgrün aus dem Wasser nehmen, trocken tupfen und klein schneiden. Fischfond erneut aufkochen, Fisch vorsichtig in den leicht siedenden Fond geben und 2–3 Minuten garen. Kurz vor dem Servieren Sellerie- und Fenchelgrün, Garnelen, Tomaten und Queller in den Eintopf geben. Fisch vorsichtig mit etwas Gemüse, Fond, Queller und Sellerie in tiefen Tellern anrichten und servieren.

Pro Portion: 23 g E, 14 g F, 12 g KH = 286 kcal (1190 kJ)

# Reiseintopf mit Wolfsbarsch und Garnele

Für 4–6 Portionen
Zubereitungszeit: 1:30 Stunden

2 rote Spitzpaprika
12 Garnelen (à ca. 45 g; mit Kopf und Schale)
4 Knoblauchzehen
100 g Zwiebeln
100 g Lauch
100 g Staudensellerie
100 g Möhren
200 g Tomaten
2 Wolfsbarschfilets (à ca. 120 g; mit Haut)
5 El Olivenöl
2 El Hummerbutter
2 El Tomatenmark
3 El Cognac
1 l Hummerfond
1 Döschen Safranfäden (0,1 g)
1–2 Tl geräuchertes Paprikapulver
½ Tl Cayennepfeffer
2 Lorbeerblätter
4 Stiele Thymian
Salz
Pfeffer
150 g Paella-Reis
2 El gehackte Mandeln
100 g TK-Erbsen
5 Stiele Petersilie
Zitronensaft

**1.** Paprika putzen, waschen, längs halbieren, entkernen und mit der Hautseite nach oben auf einem Backblech unter dem vorgeheizten Backofengrill 15–20 Minuten rösten, bis die Haut schwarze Blasen wirft. Paprika herausnehmen, in einen großen Gefrierbeutel geben, verschließen und 10 Minuten ausdämpfen lassen. Paprika herausnehmen, häuten und klein schneiden.

**2.** Schale von den Garnelen lösen, Kopf und Schwanzflosse am Körper lassen. Rücken längs einritzen, den Darm entfernen. Garnelen abspülen und trocken tupfen.

**3.** Knoblauch und Zwiebeln in feine Würfel schneiden. Lauch putzen, waschen und das Weiße und Hellgrüne in feine Würfel schneiden. Sellerie putzen, entfädeln und in feine Würfel schneiden. Möhren schälen und in feine Würfel schneiden. Tomaten halbieren und auf einer Küchenreibe so reiben, dass die Schale übrig bleibt. Fischfilets quer halbieren.

**4.** Olivenöl und Hummerbutter in einem Bräter erhitzen. Knoblauch und Zwiebeln darin glasig dünsten. Möhren und Sellerie zugeben und 2–3 Minuten mitdünsten. Tomatenmark unterrühren und anrösten. Geriebene Tomaten zugeben, mit Cognac ablöschen und mit Fond auffüllen. Safran, Paprikapulver, Cayenne, Lorbeer und Thymian zugeben, mit Salz und Pfeffer würzen und aufkochen. Reis, Garnelen, gegrillte Paprika und Fisch zugeben und im vorgeheizten Backofen bei 180 Grad (Gas 2–3, Umluft nicht empfehlenswert) 15–18 Minuten offen garen. Mandeln, Erbsen und Lauch nach 5 Minuten zugeben.

**5.** Inzwischen Petersilienblätter von den Stielen zupfen und fein hacken. Eintopf mit Salz, Pfeffer und Zitronensaft abschmecken und mit Petersilie bestreut sofort servieren.

Pro Portion (bei 6 Portionen): 26 g E, 18 g F, 29 g KH = 405 kcal (1695 kJ)

# Forellensuppe

Für 4 Portionen
Zubereitungszeit: 50 Minuten
Garzeit: 45 Minuten

**Suppe**
2 frische Forellen (à 350 g; ausgenommen und die Kiemen entfernt)
1 geräucherte Forelle (200 g)
80 g Lauch
80 g Knollensellerie
1 kleine Möhre
100 g Schalotten
2 El Öl
50 ml Wermut (z. B. Noilly Prat)
100 ml Weißwein
Salz
2 Lorbeerblätter
250 ml Schlagsahne
weißer Pfeffer

**Einlage**
70 g weiche Butter
Salz
Pfeffer
1 Frühlingszwiebel
2 geräucherte Forellenfilets
4 frische Forellenfilets
2 El Öl
2 El Zitronensaft
2 Tl Schnittlauchröllchen
1 El gehackte Petersilie

**1.** Von den frischen Forellen und der geräucherten Forelle die Köpfe abschneiden. Dann die Filets von der Mittelgräte abschneiden. Filets mit einer Pinzette entgräten. Von 2 frischen Filets die Haut entfernen und wegwerfen. Die Haut der geräucherten Forelle zu den Fischabschnitten legen. Alle Filets abgedeckt kalt stellen. Die Fischabschnitte (Gräten, Köpfe, Haut) beiseitelegen.

**2.** Lauch längs halbieren und gründlich waschen. Sellerie, Möhre und Schalotten putzen bzw. schälen. Alles klein schneiden und in einem breiten Topf mit dem Öl andünsten. Gemüse darin andünsten. Die Fischabschnitte der frischen Forellen zugeben und kurz mitdünsten. Mit Wermut und Weißwein ablöschen und mit 1 l kaltem Wasser auffüllen. Salz und Lorbeer zugeben, alles einmal aufkochen lassen. Die Abschnitte der geräucherten Forelle zugeben, Hitze reduzieren und bei kleiner Hitze 20 Minuten ziehen lassen. Fond durch ein feines Sieb in einen anderen Topf passieren (ergibt ca. 1 l). Sahne dazugeben, aufkochen und auf ca. 1 l einkochen lassen. Die Suppe gut durchmixen und mit Salz und weißem Pfeffer abschmecken.

**3.** Für die Einlage 60 g Butter mit Salz und Pfeffer mit den Quirlen eines Handrührers schaumig rühren. Frühlingszwiebel putzen und in feine Ringe schneiden. Die geräucherten Forellenfilets zerpflücken und mit einer Gabel mit der Butter vermischen, Frühlingszwiebel unterheben.

**4.** Die beiden gehäuteten frischen Filets fein schneiden. Vor dem Servieren mit Salz, Pfeffer, 1 El Öl, 1 El Zitronensaft und Schnittlauch mischen.

**5.** Die restlichen beiden frischen Filets in 8 Stücke schneiden. 1 El Öl in einer beschichteten Pfanne erhitzen und die Filets darin bei starker Hitze auf der Hautseite 2 Minuten braten. Fischfilets wenden, restliche Butter und Petersilie zugeben und 30 Sekunden zu Ende garen. Mit 1 El Zitronensaft und Salz würzen.

**6.** Suppe aufkochen, gut durchmixen und auf Tellern verteilen. Mit den gebratenen Filets in Tellern anrichten. Forellentatar und Forellenbutter mit Bauernbrot dazu servieren.

Pro Portion: 24 g E, 47 g F, 3 g KH = 547 kcal (2292 kJ)

# Rezeptregister

**Kartoffeln**
Beef Stew mit Klößen   17
Cremige Maronen-Kartoffel-Suppe   21
Kartoffelcremesuppe mit Aal-Tatar   22
Kartoffeleintopf mit Mett und Walnüssen   18
Kartoffel-Liebstöckel-Suppe   26
Kartoffelsuppe mit Petersilienwurzel-Chips   13
Limetten-Süßkartoffel-Suppe   10
Mais-Kartoffel-Eintopf mit Salbei-Pilzen   14
Rote-Bete-Kartoffel-Eintopf   25

**Rüben & Beten**
Gelbe-Bete-Suppe mit Kartoffel-Wan-Tan   45
Gemüse-Pot-au-feu   42
Gemüsetopf mit Pesto   30
Petersilienwurzelsuppe mit Granatapfelkernen   37
Rote-Bete-Aroniabeeren-Suppe   49
Selleriecremesuppe mit Koriandersahne und scharfen Kartoffelwürfeln   34
Steckrübensuppe   33
Topinambursuppe mit Bündner Fleisch   46
Topinambursuppe mit Trüffel   38
Wurzeleintopf   41

**Kohl & Wintersalat**
Grünkohl-Eintopf mit Kokosmilch und lila Kartoffeln   52
Grünkohl-Steckrüben-Eintopf   59
Kohl-Bulgur-Eintopf   60
Radicchio-Linsen-Eintopf mit grünem Hokkaido   67
Rotkohl-Apfel-Suppe mit Zimt-Croûtons   56
Rotkohlsuppe mit Schweinebauch und Flusskrebsen   63
Sauerkrauteintopf mit Speck   64
Wirsing-Eintopf aus dem Ofen   55

**Hülsenfrüchte**
Erbseneintopf mit Kasseler   86
Gelbe Linsen-Möhren-Suppe mit geröstetem Blumenkohl   81
Geschmorter Kürbis-Bohnen-Eintopf   73
Graupeneintopf   74
Italienischer Linseneintopf   70
Linseneintopf mit Möhren und Topinambur   82
Linseneintopf mit Salsiccia   78
Linseneintopf mit Wurzelgemüse   85
Süßkartoffel-Linsen-Cremesuppe   77

**Pilze**
Cremige Pilzsuppe   94
Pilz-Minestrone   90
Shiitake-Eintopf mit Hähnchen   97
Waldpilzsuppe   93

**Kürbis**
Eintopf mit Kürbis und Weißkohl   111
Kürbis-Apfel-Suppe   108
Kürbiseintopf   107
Kürbis-Kartoffel-Eintopf   103
Kürbis-Koriander-Suppe   112
Kürbissuppe mit Roter Bete   100
Orangen-Kürbis-Suppe   104

**Fleisch & Wild**
Cajun-Eintopf mit Hirsch und Okra   124
Cocido Madrileño (Madrider Eintopf)   123
Japanischer Kartoffel-Fleisch-Topf (Nikujaga)   127
Rinder-Kartoffel-Eintopf mit Granatapfel   116
Rote-Bete-Eintopf mit Hackfleisch und Dill   120
Steckrübeneintopf mit Lamm   119

**Fisch & Meeresfrüchte**
Fisch-Pot-au-feu mit Garnelen und Safran   134
Forellensuppe   138
Muscheleintopf mit Seelachs   130
Räuchermakrelensuppe   133
Reiseintopf mit Wolfsbarsch und Garnele   137

# Zutatenregister

**A**

Aalfilet, geräuchertes   22
Alblinsen   70
Apfel   56, 60, 64, 108
Aubergine   97
Austernsauce   97

**B**

Baguette   104
Beluga-Linsen   67, 82
Berglinsen   70, 85
Blumenkohl   81
Bohnen, Cannellini-   73, 74
Bohnen, grüne   107
Bohnen, weiße   74, 90, 103
Bohnenkraut   107
Bonito-Flocken   127
Bratwurst, Thüringer   73
Brühe
  Geflügelbrühe   33
  Gemüsebrühe   21, 26, 30, 42, 93
Bulgur, grober   60
Bündner Fleisch   46
Butternut-Kürbis   73, 103, 107, 112

**C**

Cannellini-Bohnen   73, 74
Chilischote   10, 34, 45, 52, 59, 67, 97, 130
Chorizo   123
Ciabatta   90

**D**

Datteln   67
Dill   22, 25, 45, 52, 63, 81, 120, 133
Dorschfilet   134
Dumpling-Blätter   45

**E**

Ei   42
Entenbrust, geräucherte   33

Erbsen   127, 137
Erbsen, getrocknete gelbe   86

**F**

Fadennudeln   123
Fenchelknolle   42, 130, 134
Flusskrebse   63
Fond
  Geflügelfond   10, 18, 63, 64, 70, 77, 81, 90, 112, 123, 133
  Gemüsefond   22, 25, 34, 37, 41, 45, 49, 52, 56, 59, 60, 67, 74, 82, 103, 104, 107, 108, 130
Forelle   138
Frühlingszwiebel   22, 45, 59, 97, 103, 127, 138

**G**

Garnelen   112, 124, 134, 137
Gartenkresse   21
Geflügelbrühe   35
Geflügelfond   10, 18, 63, 64, 70, 77, 81, 90, 112, 133
Gelbe Bete   45
Gemüsebrühe   21, 26, 30, 42, 93
Gemüsefond   22, 25, 34, 37, 41, 45, 49, 52, 56, 59, 60, 67, 74, 82, 103, 104, 107, 108, 130
Gemüsezwiebel   55, 111
Gewürzgurken   25
Gewürznelken   67
Granatapfel   37, 116
Graupen   17, 74, 119
Grünkohl   52, 59

**H**

Haferflocken   52
Hähnchenbrustfilet   77
Hähnchenkeule   123
Hokkaido-Kürbis   67, 73, 100, 104, 107, 108, 111
Hummerfond   137

## I

Ingwer 25, 33, 42, 45, 49, 56, 81, 93, 97, 108, 112

## J

Johannisbeergelee, rotes 63

## K

Kabeljaufilet 134
Kalbsbeinscheibe 123
Kalbshack 18
Karkassen 134
Kartoffeln 10, 13, 14, 17, 18, 21, 22, 25, 26, 34, 41, 42, 45, 49, 52, 55, 56, 60, 63, 70, 77, 78, 86, 94, 103, 111, 116, 120, 123, 127, 130, 133, 134
Kasseler 86
Kerbel 42, 108, 133
Kichererbsen 67, 107, 123
Kirschtomate 30, 97, 134
Knoblauch 10, 30, 41, 60, 64, 67, 70, 73, 74, 81, 85, 90, 93, 97, 103, 104, 107, 116, 120, 124, 130, 137
Knollensellerie 13, 18, 26, 34, 41, 67, 70, 74, 78, 82, 85, 86, 90, 138
Kohlrabi 41, 120
Kokosmilch 10, 52, 59
Kombu-Algen 127
Koriandergrün 10, 34, 97, 112, 124, 130
Kräuterseitlinge 103

## L

Lammfleisch 119
Lammknochen 119
Lauch 13, 14, 67, 70, 74, 86, 90, 107, 119, 130, 134, 137, 138
Limette 10, 45, 49
Limettensaft 59, 93
Linsen, Alb- 70
Linsen, Beluga- 67, 82
Linsen, Berg- 70, 85
Linsen, braune 78
Linsen, gelbe 81
Linsen, rote 52, 77, 82
Lorbeerblatt 13, 17, 34, 41, 55, 64, 70, 77, 85, 90, 119, 120, 123, 137

## M

Maiskolben 14
Majoran 13, 86
Mandelkerne 30
Maronen, geschälte 21
Meerrettich 41
Mehl 17
Mett 98
Miesmuscheln 130
Milch 21, 22, 26, 34, 38, 42, 46
Minze 17, 60, 67, 82
Möhren 13, 17, 18, 30, 41, 52, 59, 60, 67, 70, 74, 78, 81, 82, 85, 86, 90, 107, 123, 127, 134, 137, 138
Muschelnudeln 41, 120
Muskatkürbis 103

## O

Okra 124
Orangen 56, 104
Orangensaft 63

## P

Paella-Reis 137
Pancetta 70, 78, 90
Paprikawürstchen 64
Parmesan 90
Pastinaken 21, 127
Perlgraupen 119
Petersilie 17, 18, 30, 33, 37, 41, 42, 55, 60, 67, 70, 73, 74, 77, 78, 86, 90, 119, 137
Petersilienwurzel 13, 30, 37, 41, 78, 94
Pfifferlinge 93, 94
Pilze, gemischte 90, 93, 94
Pilzfond 94
Pistazienkerne 112
Poularde 97

## Q

Queller 134

## R

Radicchio di Treviso 67
Räuchermakrele 133
Reis, Roter 74

Riesenbohnen, weiße   30
Rinderfond   13, 85, 120
Rinderhackfleisch   120
Rinderhüfte   127
Rinderknochen   116
Rinderschulter   116
Rindertalg   17
Rindfleisch   17
Risoni   59
Roggenvollkornmehl   26
Römersalatherz   120
Rote Bete   22, 25, 41, 49, 100, 108, 120,
Rotkappen   93
Rotkohl   56, 63
Rotwein   56, 70

## S
Safranfäden   134, 137
Sahnejoghurt, griechischer   67, 81
Salatgurke   52
Salbei   14, 73, 103, 119
Salsiccia   78
Sauerkraut   64
Saure Sahne   64, 120
Schalotte   21, 22, 30, 33, 34, 37, 42, 45, 49, 59, 73, 77, 78, 94, 97, 104, 138
Schinkenfond   85
Schinkenknochen   86
Schlagsahne   14, 18, 22, 33, 34, 37, 38, 46, 93, 94, 100, 104, 108, 111, 130, 133, 138
Schmand   52, 55, 107
Schnittlauch   21, 26, 41, 64, 103, 130
Schwarzbrot   133
Schwarzwurzeln   42
Schweinebauch   63, 123
Schweinenacken   64
Schweinenackensteak   10
Seelachsfilet   130
Senf, grober   41, 111, 133
Serrano-Schinken   123
Sherry   93, 97
Shiitake-Pilze   14, 97
Sojasauce   97
Speck, durchwachsener   13, 64, 70, 78, 85, 86
Spitzkohl   60
Spitzpaprika   124, 137
Staudensellerie   14, 18, 49, 97, 107, 119, 124, 134, 137

Steckrübe   33, 59, 119
Steinpilze   93, 94
Steinpilze, getrocknete   64, 94
Sternanis   59, 63, 97, 130
Strauchtomate   134
Suppenfleisch   123
Süßkartoffel   10, 77

## T
Tahine   77
Thai-Basilikum   93
Thymian   70, 74, 90, 94, 108, 119, 137
Toastbrot   56, 74, 111
Tomaten   74, 124, 137
Tomaten, geschälte   73, 103
Tomatenmark   116
Topinambur   38, 42, 46, 82, 85
Trüffel   38

## V
Vollmilch   14

## W
Wacholderbeeren   64
Walnüsse, eingelegte grüne   18
Weißkohl   111, 123
Weißwein   14, 21, 22, 30, 37, 41, 42, 45, 46, 55, 103, 133, 134, 138
Weizenvollkornmehl   26
Wermut   26, 38, 45, 46, 94, 130, 134, 138
Wirsing   25, 55, 119
Wolfsbarschfilet   137
Wurzelspinat   116

## Z
Ziegenfrischkäse   26
Zitrone   30, 42, 60
Zitronengras   45, 59
Zitronensaft   52, 108
Zwiebeln   17, 18, 25, 26, 38, 41, 46, 52, 56, 60, 63, 67, 70, 81, 82, 85, 90, 93, 100, 103, 107, 108, 116, 120, 123, 124, 127, 133, 137

# Impressum

® Lizenz der Marke ESSEN & TRINKEN
durch Gruner + Jahr GmbH & Co KG
– Alle Rechte vorbehalten –

© 2016 Fackelträger Verlag GmbH, Köln
Emil-Hoffmann-Straße 1
D-50996 Köln

Alle Rechte der Verbreitung, auch durch Film, Funk, Fernsehen, fotomechanische Wiedergabe, Tonträger aller Art, auszugsweisen Nachdruck oder Einspeicherung und Rückgewinnung in Datenverarbeitungsanlagen aller Art, sind vorbehalten. Die Inhalte dieses Buches sind von Autoren und Verlag sorgfältig erwogen und geprüft, dennoch kann eine Garantie nicht übernommen werden. Eine Haftung von Autoren und Verlag für Personen-, Sach- und Vermögensschäden ist ausgeschlossen.

Titel Vorderseite: Foto: Ulrike Holsten; Foodstyling: Marcel Stut; Styling: Katrin Heinatz
Titel Rückseite: Fotos: Julia Hoersch (1), Ulrike Holsten (2), Thorsten Suedfels (3); Foodstyling: Jürgen Büngener (2), Marcel Stut (3), Michael Wolken (2); Styling: Meike Graf (1), Katrin Heinatz (2), Dörthe Schenk (1), Krisztina Zombori (2)
Fotografen: Eva Haeberle: 29; Julia Hoersch: 5, 6, 12, 27, 28, 39, 40, 44, 54, 61, 80, 83, 95, 106, 113, 129, 131; Ulrike Holsten: 4, 19, 32, 43, 68, 72, 87, 98, 99, 101, 102, 110, 126, 132, 135; Ulrich Hoppe: 88; Thomas Neckermann: 144; Janne Peters: 79, 91; Monika Schürle: 89, 92; Thorsten Suedfels: 8, 9, 11, 15, 20, 23, 24, 31, 35, 36, 47, 48, 50, 51, 53, 57, 58, 65, 66, 69, 71, 75, 76, 84, 96, 105, 109, 114, 115, 117, 118, 121, 122, 125, 128, 136; Jan Peter Westermann: 16, 139; Ali Salehi Yavani: 62
Foodstyling: Jürgen Büngener: 8, 23, 24, 36, 48, 57, 58, 68, 75, 84, 99, 109, 112, 118, 144; Achim Ellmer: 5, 32, 88, 131, 139; Hege Marie Köster: 12, 27, 31, 54, 95, 101, 105, 121; Kay-Henner Menge: 15, 16, 20, 28, 35, 76, 79, 110, 115; Marcel Stut: 6, 11, 40, 44, 61, 65, 66, 71, 72, 80, 91, 92, 96, 99, 102, 106, 114, 117, 125, 128, 129, 132, 136; Michael Wulken: 4, 19, 39, 43, 47, 50, 53, 62, 69, 83, 84, 87, 98, 110, 118, 126, 135
Styling: Anne Beckwilm: 79; Isabel de la Fuente: 15, 16, 24, 27, 58, 75, 80, 121, 122; Irina Graewe: 53; Meike Graf: 6, 31, 39, 40, 50, 61, 106, 110, 128, 144; Katja Graumann: 44, 112; Maria Grossmann: 5, 131; Katrin Heinatz: 4, 9, 19, 32, 36, 43, 47, 51, 57, 62, 65, 66, 87, 88, 95, 96, 98, 105, 114, 117, 121, 125, 126, 132, 135, 136; Dörthe Schenk: 68, 99, 102, 129; Meike Stüber: 11, 12, 20, 54, 71, 72, 76, 101; Dietlind Wolf: 28, 35, 83; Krisztina Zombori: 8, 23, 41, 48, 69, 84, 91, 109, 115, 118, 139
Layout und Umschlaggestaltung: nimatypografik, Nicole Laka, Buchholz i.d. Nordheide
Satz: mcp concept GmbH, Kolbermoor
Projektleitung: Svenja K. Sammet
Projektteam »essen & trinken«: Inken Baberg, José Blanco, Dr. Gerd Brüne, Monique Dressel, Elisabeth Herzel, Franziska Schade, Jan Spielhagen, Arabelle Stieg, Melanie Trieloff

Gesamtherstellung: Fackelträger Verlag GmbH, Köln

ISBN 978-3-7716-4674-5
Printed in Poland

www.fackeltraeger-verlag.de